中等职业教育汽车专业技能课教材

汽车发动机机械维修

(第2版)

全国交通运输职业教育教学指导委员会
中国汽车维修行业协会　组织编写

邱　斌　主　编
王珊珊　副主编

人民交通出版社股份有限公司
北　京

内 容 提 要

本书是中等职业教育汽车专业技能课教材,主要内容包括:发动机传动带的检查与更换、发动机配气正时机构的检查与更换、发动机配气机构的检测与维修、发动机曲柄连杆机构的检测与维修、冷却系统的检查与维修、润滑系统的检查与维修、燃油供给系统的检查与维修。

本书可作为中等职业学校汽车专业教材,也可作为职业技能培训和其他从事相关专业人员的参考书。

图书在版编目(CIP)数据

汽车发动机机械维修/邱斌主编. —2版. —北京:
人民交通出版社股份有限公司,2021.12
ISBN 978-7-114-17659-3

Ⅰ.①汽⋯ Ⅱ.①邱⋯ Ⅲ.①汽车—发动机—车辆修理—中等专业学校—教材 Ⅳ.①U472.43

中国版本图书馆 CIP 数据核字(2021)第 210296 号

书　　名:汽车发动机机械维修(第2版)
著 作 者:邱　斌
责任编辑:时　旭
责任校对:席少楠
责任印制:张　凯
出版发行:人民交通出版社股份有限公司
地　　址:(100011)北京市朝阳区安定门外外馆斜街 3 号
网　　址:http://www.ccpcl.com.cn
销售电话:(010)59757973
总 经 销:人民交通出版社股份有限公司发行部
经　　销:各地新华书店
印　　刷:北京市密东印刷有限公司
开　　本:787×1092　1/16
印　　张:12.5
字　　数:212 千
版　　次:2017 年 3 月　第 1 版
　　　　　2021 年 12 月　第 2 版
印　　次:2021 年 12 月　第 2 版　第 1 次印刷　总第 5 次印刷
书　　号:ISBN 978-7-114-17659-3
定　　价:35.00 元

(有印刷、装订质量问题的图书由本公司负责调换)

中等职业教育汽车专业技能课教材编审委员会

主　　任：王怡民(浙江交通职业技术学院)

副 主 任：刘建平(广州市交通运输职业学校)　　杨经元(云南交通技师学院)
　　　　　赵　琳(北京交通运输职业学院)　　　张京伟(中国汽车维修行业协会)
　　　　　陈文华(浙江交通职业技术学院)　　　王凯明(中国汽车维修行业协会)

特邀专家：朱　军(中国汽车维修行业协会)　　　魏俊强(北京祥龙博瑞汽车服务有限公司)
　　　　　张小鹏(庞贝捷漆油(上海)有限公司)　刘　亮(麦特汽车服务股份有限公司)

委　　员：(按姓氏笔画排序)

　　　　　毛叔平(上海市南湖职业学校)　　　　　王　健(贵阳市交通技工学校)
　　　　　王彦峰(北京交通运输职业学院)　　　　王　强(贵州交通职业技术学院)
　　　　　占百春(苏州建设交通高等职业技术学校)　刘新江(四川交通运输职业学校)
　　　　　刘宣传(广州市公用事业技师学院)　　　齐忠志(广州市交通运输职业学校)
　　　　　吕　琪(成都工业职业技术学院)　　　　李　青(四川交通运输职业学校)
　　　　　李雪婷(成都汽车职业技术学校)　　　　李春生(广西交通技师学院)
　　　　　李文慧(新疆交通职业技术学院)　　　　李　晶(武汉市东西湖职业技术学校)
　　　　　陈　虹(浙江交通技师学院)　　　　　　陈文均(贵州省交通运输学校)
　　　　　陈社会(无锡汽车工程高等职业技术学校)　张　炜(青岛交通职业学校)
　　　　　杨永先(广东省交通运输高级技工学校)　杨承明(杭州技师学院)
　　　　　杨建良(苏州建设交通高等职业技术学校)　杨二杰(四川交通运输职业学校)
　　　　　陆松波(慈溪市锦堂高级职业中学)　　　何向东(广东省清远市职业技术学校)
　　　　　邵伟军(杭州技师学院)　　　　　　　　周志伟(深圳市宝安职业技术学校)
　　　　　林育彬(宁波市鄞州职业高级中学)　　　易建红(武汉市交通学校)
　　　　　林治平(厦门工商旅游学校)　　　　　　胡建富(浙江交通技师学院)
　　　　　赵俊山(济南理工中等职业学校)　　　　荆叶平(上海市交通学校)
　　　　　郭碧宝(广州市交通技师学院)　　　　　姚秀驰(贵阳市交通技工学校)
　　　　　崔　丽(北京市丰台区职业教育中心学校)　曾　丹(佛山市顺德区中等专业学校)
　　　　　蒋红梅(重庆市立信职业教育中心)　　　喻　媛(柳州市交通学校)

第2版前言

本套由全国交通运输职业教育教学指导委员会、中国汽车维修行业协会组织编写的教材，自2017年3月出版以来，多次重印，被全国多所中等职业学校选为教学用书，受到了广大师生的好评。

为了体现职业教育理念，贴近汽车运用与维修专业实际教学目标，促进"教、学、做"更好地结合，突出对学生实践能力的培养，使学生成为技能型人才，2020年11月，人民交通出版社股份有限公司吸取教材使用学校的意见和建议，组织相关老师，经过认真研究和充分讨论，确定了修订方案，对本套教材进行了修订。通过教材修订，使教材在结构和内容上与教学内容更加吻合。

《汽车发动机机械维修（第2版）》是其中的一本。此次修订内容如下：

1. 对知识点进行完善，剔除已经过时的内容，补充新技术内容；
2. 增加任务实施环节的作业项目，例如凸轮轴检测、燃油滤清器拆装、喷油器更换等，使作业项目与"1+X"考核的技能要求相契合；
3. 更换大量理论知识内容图片，以更加直观生动的方式呈现知识点；
4. 配套的电子课件也进行了修订，并将思考与练习的参考答案添加到配套电子课件中供教师参考。

本书由苏州建设交通高等职业技术学校的邱斌担任主编，王珊珊担任副主编。编写分工为：苏州建设交通高等职业技术学校的邱斌编写了本书的任务三、四，苏州建设交通高等职业技术学校的王珊珊编写了任务一、二，江苏省吴江中等专业学校的缪明雅编写了任务五，苏州建设交通高等职业技术学校的陶建雪、齐伟编写了任务六，苏州建设交通高等职业技术学校的徐兴振编写了任务七。

限于编者水平，书中难免有不当之处，敬请广大院校师生提出意见和建议，以便再版时完善。

作　者
2021年8月

第1版前言

为深入贯彻落实全国职业教育工作会议精神和《国务院关于加快发展现代职业教育的决定》，促进职业教育专业教学科学化、标准化、规范化，教育部组织制定了《中等职业学校专业教学标准（试行）》。全国交通运输职业教育教学指导委员会具体承担了汽车运用与维修（专业代码082500）、汽车车身修复（专业代码082600）、汽车美容与装潢（专业代码082700）、汽车整车与配件营销（专业代码082800）4个汽车类专业教学标准的制定工作。

根据教育部《关于中等职业教育专业技能课教材选题立项的函》（教职成司函[2012]95号）文件精神，人民交通出版社申报的上述4个汽车类专业技能课教材选题成功立项。

2014年10月，人民交通出版社联合全国交通运输职业教育教学指导委员会、中国汽车维修行业协会在北京召开了"教育部中等职业教育汽车专业技能课教材编写会"，并成立了由全国交通运输职业教育教学指导委员会领导、中国汽车维修行业协会领导、知名汽车维修专家及院校教师组成的教材编审委员会。会上，确定了4个汽车类专业34本教材的编写团队及编写大纲，正式启动了教材编写。

教材的组织编写，是以教育部组织制定的4个汽车类专业教学标准为基本依据进行的。教材从编写到成稿形成以下特色：

1. "五位一体"的编审团队。从组织编写之初，就本着"高起点、高标准、高要求"的原则，成立了由国内一流的院校、一流的教师、一流的专家、一流的企业、一流的出版社组成的五位一体的编审团队。

2. 精品化的内容。编审团队认真总结了中职院校的优秀教学成果，结合了企业的职业岗位需求，吸收了发达国家的先进职教理念。教材文字精练、插图丰富，尤其是实操性的内容，配备了大量实景照片。

3. 理实一体的编写模式。教材理论内容浅显易懂，实操内容贴合生产一线，将知识传授、技能训练融为一体，体现"做中学、学中做"的职教思想。

4.覆盖全国的广泛适用性。本套教材充分考虑了全国各地院校的分布和实际情况,涉及的车型和设备具有代表性和普适性,能满足全国绝大多数中职院校的实际需求。

5.完善的配套。本套教材包含"思考与练习""技能考核标准",并配有电子课件和微视频,以达到巩固知识、强化技能、易教易学的目的。

《汽车发动机机械维修》是本套教材中的一本。与传统同类教材相比,本教材吸收了发达国家的先进职教理念,结合了企业的职业岗位需求,以汽车维修企业生产实践为依据设计,通过任务描述、知识准备、任务实施、学习拓展、评价反馈等模块,构建知识和技能体系。主要内容有:发动机传动带的检查与更换、正时机构的检查与更换、配气机构的检测与维修、曲柄连杆机构的检测与维修、冷却系统的检查与维修、润滑系统的检查与维修、汽油供给系统的检查与维修7个学习任务。采用任务驱动,选编内容经典、文字精练、插图丰富、可读性强,还针对不同的实操项目,提供了便于学生实施的评价方案和可量化的评分标准,体现了以学生为主体的教学理念。

本书的编写分工为:苏州建设交通高等职业技术学校的徐展编写了本书的任务三、任务五,苏州建设交通高等职业技术学校的邱斌编写了任务一、任务二,江苏省吴江中等专业学校的缪明雅编写了任务四,苏州建设交通高等职业技术学校的陶建雪编写了任务六,苏州建设交通高等职业技术学校的齐伟编写了任务七。全书由苏州建设交通高等职业技术学校的杨建良担任主编,徐展担任副主编。

限于编者水平,又是完全按照新的教学标准编写,书中难免有不当之处,敬请广大院校师生提出意见建议,以便再版时完善。

编审委员会
2016 年 3 月

目录 Contents

学习任务一　发动机传动带的检查与更换 ……………………………………… 1
　　一、理论知识准备 …………………………………………………… 2
　　二、任务实施 ………………………………………………………… 12
　　三、学习拓展 ………………………………………………………… 15
　　四、评价与反馈 ……………………………………………………… 16
　　五、技能考核标准 …………………………………………………… 18

学习任务二　发动机配气正时机构的检查与更换 ……………………………… 19
　　一、理论知识准备 …………………………………………………… 20
　　二、任务实施 ………………………………………………………… 26
　　三、学习拓展 ………………………………………………………… 34
　　四、评价与反馈 ……………………………………………………… 36
　　五、技能考核标准 …………………………………………………… 37

学习任务三　发动机配气机构的检测与维修 …………………………………… 40
　　一、理论知识准备 …………………………………………………… 41
　　二、任务实施 ………………………………………………………… 49
　　三、学习拓展 ………………………………………………………… 73
　　四、评价与反馈 ……………………………………………………… 76
　　五、技能考核标准 …………………………………………………… 77

学习任务四　发动机曲柄连杆机构的检测与维修 ……………………………… 85
　　一、理论知识准备 …………………………………………………… 86
　　二、任务实施 ………………………………………………………… 99
　　三、学习拓展 ………………………………………………………… 119
　　四、评价与反馈 ……………………………………………………… 120
　　五、技能考核标准 …………………………………………………… 121

学习任务五　冷却系统的检查与维修 …………………………………………… 131
　　一、理论知识准备 …………………………………………………… 132
　　二、任务实施 ………………………………………………………… 140
　　三、学习拓展 ………………………………………………………… 144
　　四、评价与反馈 ……………………………………………………… 145

五、技能考核标准 ·· 146
学习任务六　润滑系统的检查与维修 149
　　一、理论知识准备 ·· 150
　　二、任务实施 ·· 157
　　三、学习拓展 ·· 161
　　四、评价与反馈 ·· 163
　　五、技能考核标准 ·· 164
学习任务七　燃油供给系统的检查与维修 167
　　一、理论知识准备 ·· 168
　　二、任务实施 ·· 174
　　三、学习拓展 ·· 184
　　四、评价与反馈 ·· 187
　　五、技能考核标准 ·· 188
参考文献 ··· 192

学习任务一　发动机传动带的检查与更换

 学习目标

 知识目标

1. 掌握汽车的整体构成；
2. 掌握发动机的作用和基本组成；
3. 掌握发动机的类型及工作原理；
4. 掌握发动机前端附属装置的构成；
5. 掌握传动带的作用和形式。

技能目标

1. 能正确更换传动带；
2. 能正确进行传动带张紧力的调整。

建议课时

6 课时。

 任务描述

　　某品牌轿车到维修站检查，车主反映最近一段时间发动机舱内有异响，经维修人员检查，需要对发动机传动带进行检查和调整，必要时需更换。

一 理论知识准备

(一)汽车的整体构成

汽车是指由动力驱动,具有4个或4个以上车轮的非轨道承载的车辆(包括与电力线相联的车辆,以及整备质量超过400kg的三轮车辆),主要用于:载运人员和/或货物、牵引载运人员和/或货物的车辆以及特殊用途。

汽车通常由发动机、底盘、车身和电气设备四大部分组成,其总体构造如图1-1所示。

图1-1 汽车总体构造

(二)发动机的作用和基本组成

发动机是汽车的动力源,是汽车的"心脏",是将燃料燃烧的热能转变成机械能的机器。发动机外观如图1-2所示。

发动机总体构成

图1-2 发动机外观

汽车发动机一般是将液体燃料或气体燃料和空气混合后,直接输入机器内部燃烧产生热能,热能再转变为机械能,因此又称内燃机。

汽油发动机通常由两大机构、五大系统组成,而柴油发动机由两大机构、四大系统组成。两大机构是指曲柄连杆机构和配气机构,五大系统是指燃料供给系统、冷却系统、润滑系统、点火系统(柴油机无此系统)和起动系统。汽油发动机的总成构造如图 1-3 和图 1-4 所示。

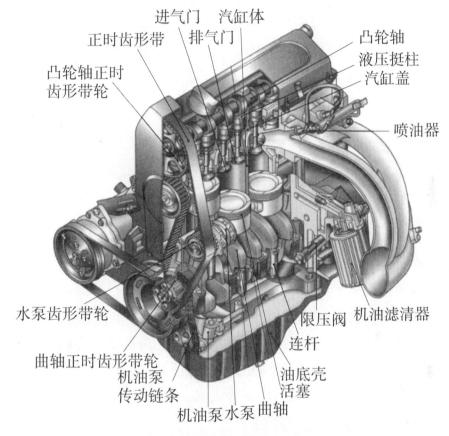

图 1-3　汽油发动机纵剖图

❶ 曲柄连杆机构

曲柄连杆机构是发动机借以产生动力,并将活塞的往复直线运动转变为曲轴的旋转运动而输出动力的机构。曲柄连杆机构主要由汽缸盖、汽缸体、活塞、连杆、曲轴和飞轮等组成。

❷ 配气机构

配气机构的功用是根据发动机的工作需要,适时地打开进气门或排气门,使可燃混合气及时地充入汽缸,或使废气及时地从汽缸内排出;而在发动机不需要进气或排气时,则利用气门将进气通道或排气通道关闭,以保证汽缸密封。配气机构主要由气门、气门弹簧、液压挺柱、凸轮轴、正时齿轮等组成。

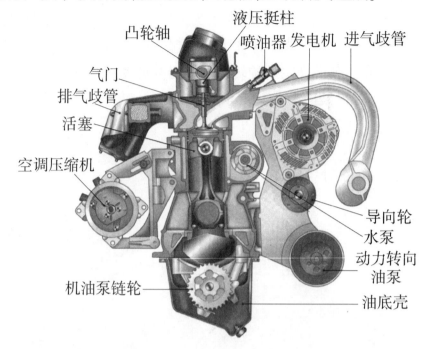

图 1-4 汽油发动机横剖图

❸ **燃料供给系统**

燃料供给系统的功用是向汽缸内供给可燃混合气,并控制进入汽缸内的可燃混合气的数量,以调节发动机的输出功率和转速,最后将燃烧后的废气排出汽缸。汽油机的燃料供给系统由燃油箱、燃油滤清器、燃油泵、节气门体、喷油器、空气滤清器、进排气歧管和排气消声器等组成。

❹ **点火系统**(柴油机无此系统)

汽油机点火系统的功用是按一定时刻向汽缸内提供电火花,及时地点燃汽缸中被压缩的可燃混合气。点火系统通常由电源(蓄电池和发电机)、点火开关、点火线圈和火花塞等组成。

❺ **冷却系统**

冷却系统的功用是利用冷却液冷却高温零部件,并通过散热器将热量散发到大气中去,以保证发动机正常工作。水冷式冷却系统通常由水泵、散热器、风扇、节温器和水套等组成。

❻ **润滑系统**

润滑系统的功用是将清洁的润滑油送至各个摩擦表面,以减小摩擦和磨损,并清洗、冷却摩擦表面,从而延长发动机的使用寿命。润滑系统一般由机油泵、机油滤清器、集滤器、限压阀、润滑油道和油底壳等组成。

7 起动系统

起动系统的功用是带动飞轮旋转以获得必要的动能和起动转速,使静止的发动机起动并转入自行运转状态。起动系统包括起动机及其附属装置。

(三)发动机的类型

发动机的分类方法很多,按照不同的分类方法,发动机可以分成不同的类型。

1 按照所用燃料分类

发动机按照使用燃料的不同可以分为汽油机和柴油机,如图1-5所示。使用汽油为燃料的发动机称为汽油机;使用柴油为燃料的发动机称为柴油机。汽油机与柴油机比较各有特点:汽油机转速高、质量轻、噪声小、起动容易、制造成本低;柴油机压缩比大、热效率高,经济性能和排放性能都比汽油机好。

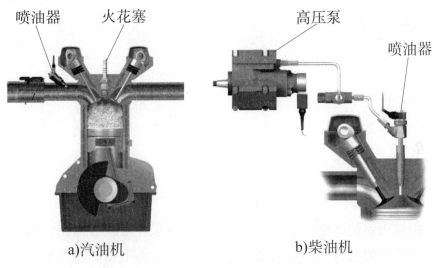

a)汽油机　　　　　b)柴油机

图1-5　汽油机和柴油机

2 按照行程分类

发动机按照完成一个工作循环所需的行程数可分为四冲程发动机和二冲程发动机。

3 按照冷却方式分类

发动机按照冷却方式不同可以分为水冷式发动机和风冷式发动机,如图1-6所示。水冷式发动机是利用在汽缸体和汽缸盖冷却水套中进行循环的冷却液作为冷却介质进行冷却的;而风冷式发动机是利用流动于汽缸体与汽缸盖外表面散热片之间的空气作为冷却介质进行冷却的。水冷式发动机冷却均匀、工作可靠、冷却效果好,被广泛地应用于现代车用发动机。

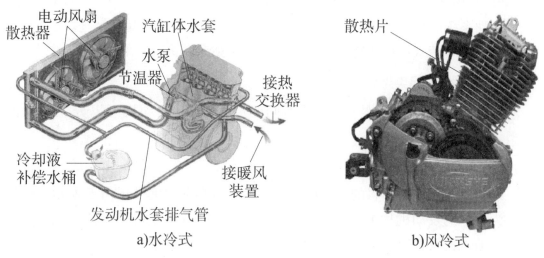

a) 水冷式　　　　　　　　　　　　b) 风冷式

图 1-6　发动机冷却方式

4 按照汽缸数目分类

发动机按照汽缸数目不同可以分为单缸发动机和多缸发动机。仅有一个汽缸的发动机称为单缸发动机;有两个及以上汽缸的发动机称为多缸发动机,如图 1-7 所示。现代车用发动机多采用四缸、六缸、八缸发动机。

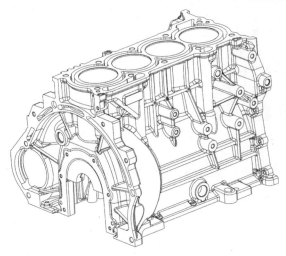

图 1-7　多缸发动机

5 按照汽缸排列方式分类

发动机按照汽缸排列方式不同,可以分为单列式和双列式,如图 1-8 所示。

单列式发动机的各个汽缸排成一列,一般是垂直布置的,但为了降低高度,有时也把汽缸布置成倾斜的甚至水平的;双列式发动机把汽缸排成两列,两列之间的夹角小于180°(一般为90°)称为V形发动机,若两列之间的夹角等于180°称为水平对置式发动机。

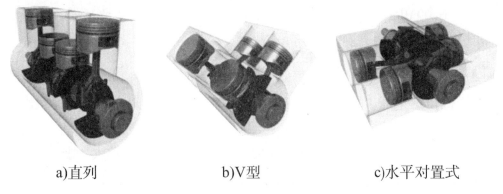

a)直列　　　　　　b)V型　　　　　　c)水平对置式

图1-8　汽缸排列方式

6　按照进气系统是否采用增压方式分类

发动机按照进气系统是否采用增压方式可以分为非增压(自然吸气)式发动机和增压(强制进气)式发动机,为了提高功率现在汽车采用增压式发动机的越来越多。

(四)四冲程汽油发动机的工作原理

四冲程汽油机的工作循环是由进气、压缩、做功和排气4个行程所组成的。单缸四冲程汽油机工作循环如图1-9所示。

汽油发动机工作原理(四冲程)

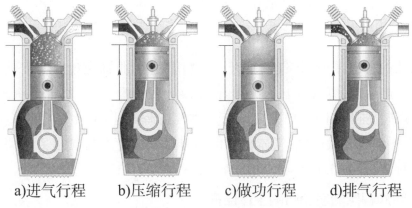

a)进气行程　　b)压缩行程　　c)做功行程　　d)排气行程

图1-9　单缸四冲程汽油机工作循环示意图

1　进气行程

活塞由曲轴带动从上止点向下止点运动,此时,排气门关闭,进气门开启。

活塞移动过程中,汽缸内容积逐渐增大,形成一定真空度,于是经过滤清的空气与喷油器供给的汽油混合成可燃混合气,通过进气门被吸入汽缸。当活塞到达下止点时,进气门关闭,停止进气。

由于进气系统存在进气阻力,进气终了时汽缸内气体的压力低于大气压力,为 0.075~0.09MPa。由于汽缸壁、活塞等高温件及上一循环留下的高温残余废气的加热,气体温度升高到 370~440K。

❷ 压缩行程

进气行程结束时,活塞在曲轴的带动下,从下止点向上止点运动,汽缸内容积逐渐减小,由于进、排气门均关闭,可燃混合气被压缩,至活塞到达上止点时,压缩结束。汽缸内气体被压缩的程度称为压缩比。压缩比越大,则压缩终了时汽缸内气体的压力和温度就越高,燃烧速度也越快,因而发动机发出的功率越大,经济性也越好。现代汽油发动机压缩比一般为 6~13。

压缩行程中,气体压力和温度同时升高,并使混合气进一步均匀混合,压缩终了时,汽缸内的压力为 0.6~1.2MPa,温度为 600~800K。

❸ 做功行程

做功行程在压缩行程末,火花塞产生电火花点燃混合气,并迅速燃烧,使气体的温度、压力迅速升高而膨胀,从而推动活塞从上止点向下止点运动,通过连杆使曲轴旋转做功,至活塞到达下止点时做功结束。

在做功行程中,开始阶段汽缸内气体压力、温度急剧上升,瞬间压力可达 3~5MPa,瞬时温度可达 2200~2800K。

❹ 排气行程

在做功行程终了时,排气门打开,进气门关闭,曲轴通过连杆推动活塞从下止点向上止点运动,废气在自身剩余压力和活塞的推动下,被排出汽缸,至活塞到达上止点时,排气门关闭,排气结束。排气行程终了时,由于燃烧室容积的存在,汽缸内还存有少量废气,气体压力也因排气系统存在排气阻力而略高于大气压力。此时,压力为 0.105~0.115MPa,温度为 900~1200K。

(五)四冲程柴油发动机的工作原理

四冲程柴油机每个工作循环也是由进气、压缩、做功和排气 4 个行程完成。由于使用燃料性质不同,其可燃混合气的形成和点火方式与汽油机有很大区别。图 1-10 为单缸四冲程柴油机工作循环示意图。

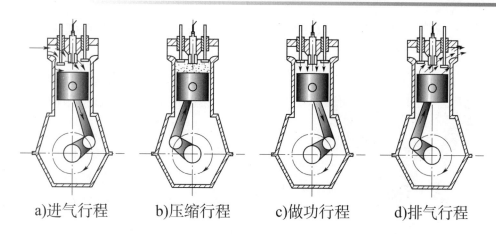

a) 进气行程　　b) 压缩行程　　c) 做功行程　　d) 排气行程

图 1-10　单缸四冲程柴油机工作循环示意图

❶ 进气行程

不同于汽油机,柴油机中进入汽缸的不是可燃混合气,而是纯空气。由于进气阻力比汽油机小,上一行程残留的废气温度也比汽油机低,进气行程终了的压力为 0.075～0.095MPa,温度为 320～350K。

❷ 压缩行程

柴油机不同于汽油机的是压缩纯空气,由于压缩比大,为 15～22,压缩终了的温度和压力都比汽油机高,压力可达 3～5MPa,温度可达 800～1000K。

❸ 做功行程

柴油机的做功行程与汽油机有很大差异,压缩行程末,喷油泵将高压柴油经喷油器雾化喷入汽缸内的高温高压空气中,被迅速汽化并与空气形成混合气,由于此时汽缸内的温度远高于柴油的自燃温度(约 500K),混合气便立即自行着火燃烧,且此后一段时间内边喷油边燃烧,汽缸内压力和温度急剧升高,推动活塞下行做功。做功行程中,瞬时压力可达 5～10MPa,瞬时温度可达 1800～2200K,做功行程终了时压力为 0.2～0.4MPa,温度为 1200～1500K。

❹ 排气行程

柴油机的排气行程与汽油机基本相同。排气行程终了时的汽缸压力为 0.105～0.125MPa,温度为 800～1000K。

由上述四冲程汽油机和柴油机的工作循环可知:两种发动机工作循环的基本内容相似。每个工作循环曲轴转 2 周(720°),每一行程曲轴转半周(180°)。四个行程中,只有做功行程产生做功,其他几个行程是为做功行程做准备工作的辅助行程,都要消耗部分能量。发动机起动时的第一个循环,必须有外力将曲轴转动,以完成进气和压缩行程;当做功行程开始后,做功能量便通过曲轴储存在飞轮内,以维持之后的行程和循环得以继续进行。

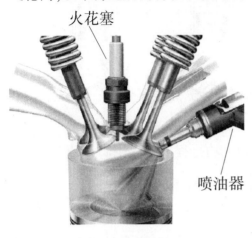

图1-11 缸内喷射汽油机

采用进气歧管喷射的汽油机,其可燃混合气在汽缸外部开始形成并延续到进气和压缩行程终了,时间较长。为了提高动力性、降低排放,现在的汽油机与柴油机一样,将高压燃油直接喷射到燃烧室,如图1-11所示,使可燃混合气在汽缸内部形成,缩短混合气形成至燃烧的间隔时间。汽油机可燃混合气用电火花点燃,柴油机可燃混合气则是在高温高压下自燃,所以汽油机又称点燃式发动机,柴油机又称压燃式发动机。

(六)发动机传动带及前端附属装置

❶ 功用

为了实现汽车及发动机各系统的正常工作,在发动机的前端还安装了发电机、空调压缩机、动力转向油泵和水泵等一些附属装置,这些附属装置都由发动机曲轴带轮通过发动机传动带驱动。不同车型,其传动带的布置形式也不同,如图1-12所示。

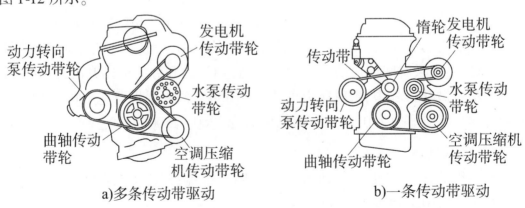

a) 多条传动带驱动　　b) 一条传动带驱动

图1-12 发动机传动带及前端附属装置

❷ 传动带的张紧形式

为保证传动带能正常驱动发动机的附属装置,传动带必须保持适当的张紧力。现代发动机上都通过安装传动带张紧机构来保证传动带的张紧力。根据张紧机构

学习任务一　发动机传动带的检查与更换

结构的不同,张紧机构可分为自动张紧机构(图1-13)和手动张紧机构(图1-14)。手动张紧机构根据有无惰轮和调整螺栓又可分为无惰轮有调整螺栓类型、无惰轮无调整螺栓类型和有惰轮类型。

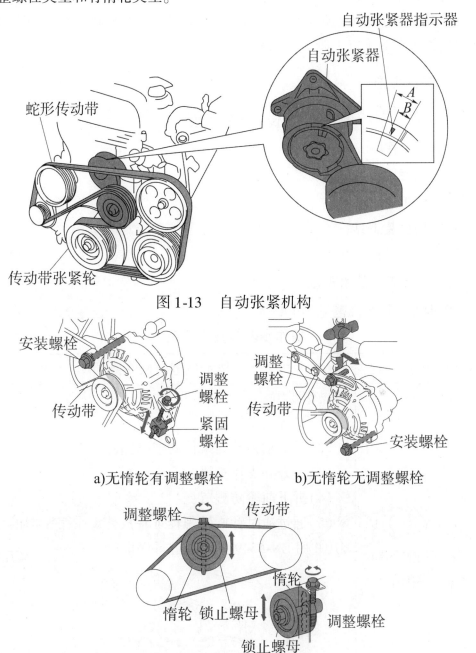

图1-13　自动张紧机构

a) 无惰轮有调整螺栓　　b) 无惰轮无调整螺栓

c) 有惰轮

图1-14　手动张紧机构

对于装有自动张紧机构的传动带,其张紧力是靠自动张紧机构中弹簧的弹力将张紧力施加到传动带上的,所以没有必要调整张紧力。检查时,只要自动张紧器指示器指示在正常范围内即可。对于装有手动张紧装置的传动带,其张紧力是通过调整张紧机构的调整螺栓来移动附属装置实现的,因此可通过调整相应的调整螺栓来实现传动带张紧力的调整,不同车型其调整的方法和部位不同,可查阅相关车型的维修手册。

二 任务实施

传动带的更换

1 准备工作

(1)雪弗兰克鲁兹整车。
(2)维修手册。
(3)常用拆装工具。
(4)专用工具:EN-6349 锁销。

2 操作步骤与技术规范

操作步骤与技术规范见表1-1。

操作步骤与技术规范 表1-1

操作步骤	过程	技术规范与操作要领
拆卸传动带及张紧器	安装 EN-6349 锁销	操作要领: (1)打开发动机舱盖; (2)拆下动力转向泵传动带(若装配); (3)举升并支撑车辆; (4)拆下前舱防溅罩; (5)通过逆时针旋转螺栓 1 释放传动带张紧器的张紧力,并用 EN-6349 锁销 2 进行锁止

学习任务一　发动机传动带的检查与更换

续上表

操作步骤	过　程	技术规范与操作要领
拆卸传动带及张紧器	取下传动带	操作要领： 如图所示，拆下传动带1 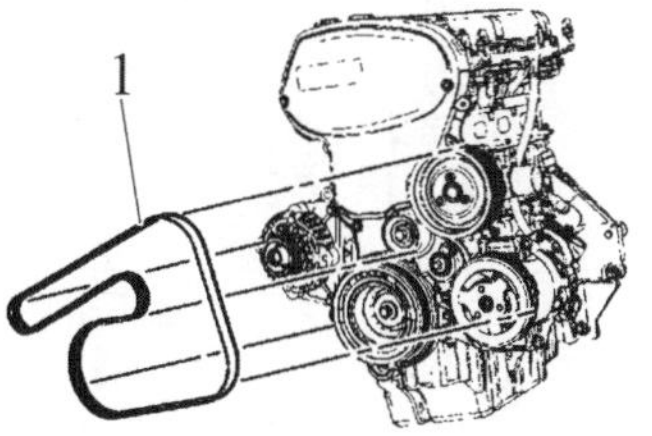
	拆卸传动带张紧器	操作要领： (1)拆下传动带张紧器螺栓2； (2)拆下传动带张紧器1 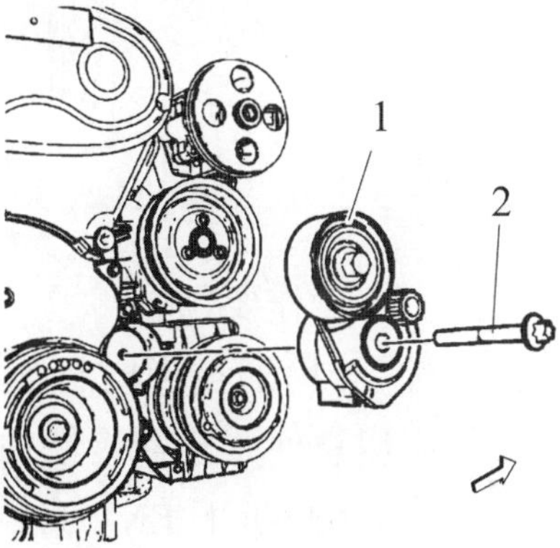
安装张紧器及传动带	安装张紧器	技术规范： 传动带张紧器螺栓扭矩：55N·m。 操作要领： 清洁传动带张紧器螺纹； 安装传动带张紧器； 安装传动带张紧器螺栓
	安装传动带并检查	操作要领： (1)安装传动带1； 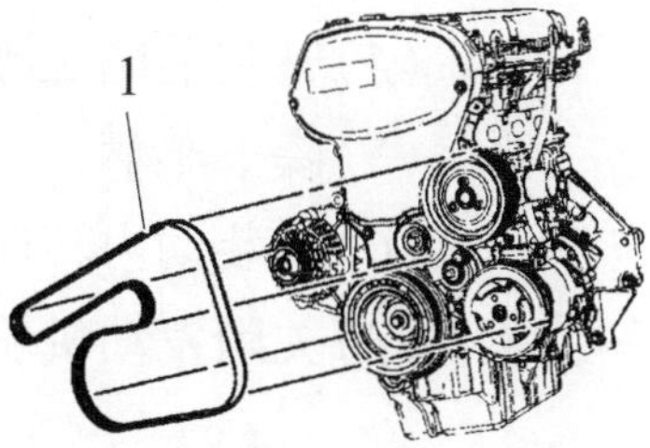

续上表

操作步骤	过　程	技术规范与操作要领
安装张紧器及传动带	安装传动带并检查	(2)检查传动带 3 的位置,确保传动带对准发电机传动带轮 4、曲轴平衡器 5、传动带张紧器 6 和水泵传动带轮 7。传动带必须位于凸缘 1 和 2 之间的水泵传动带轮上 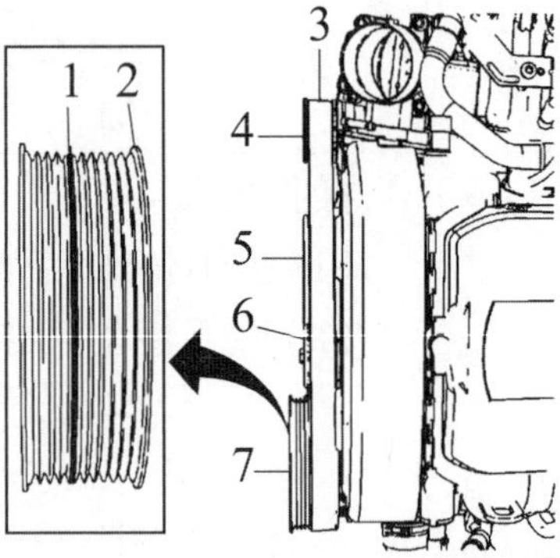
	拆下 EN-6349 锁销,使张紧器回位	操作要领: (1)通过逆时针旋转螺栓 1 释放张紧器上的张紧力,注意使张紧器慢慢往回滑; (2)拆下 EN-6349 锁销 2; (3)顺时针向张紧器 1 施加张紧力; 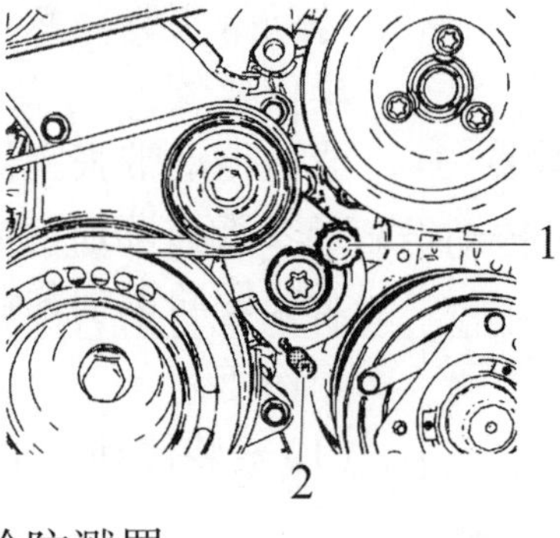 (4)安装前舱防溅罩; (5)降下车辆; (6)安装动力转向泵传动带(若装配); (7)关闭发动机舱盖

学习任务一 发动机传动带的检查与更换

三 学习拓展

❶ 认识传动带

现代发动机采用的传动带都为蛇形带,作用是将曲轴传动带轮的力传递给发电机、压缩机等辅助装置。传动带的结构如图1-15所示,外层由聚酯和棉组成,中间是聚酯帘布层,传动带内层的工作面为橡胶材料。

传动带及其张紧器在使用过程中会出现正常磨损,所以需要按照各个厂商的技术要求进行检查和定期更换。在更换新传动带时,除需要明确发动机的型号类型外,同时要能够辨别传动带识别码的含义。如图1-16所示,每条传动带上都印有识别码,

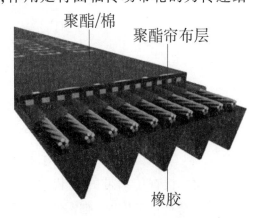

图1-15 传动带结构

其中PK表示传动带的外形类别,即为蛇形皮带;数字6表示传动带橡胶齿的数目;数字1117表示传动带的周长,单位为mm。

图1-16 传动带识别码

❷ 传动带的检查

发动机通过传动带驱动空调压缩机、动力转向油泵和交流发电机等附属装置工作,如果传动带断裂,或者出现打滑,都将使相关的附属装置无法工作或使其性能下降,从而影响汽车的正常使用。因此,定期检查传动带非常必要,一般每行驶15000km进行一次检查,在维修发电机等附属装置时,也要对传动带进行检查。

传动带的检查方法如下:

首先,检查传动带的磨损情况。检查传动带的整个外围是否有磨损、裂纹、层离或者其他损坏,如图1-17所示。如果无法检查传动带的整个外围,则通过转动发动机曲轴传动带轮检查传动带,如果出现上述情况,表示传动带有断裂风险,必须立即更换。

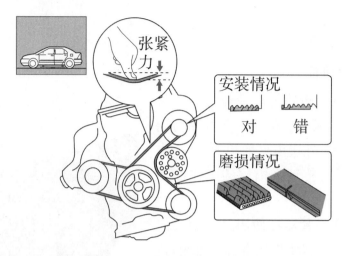

图 1-17 传动带外观检查

其次,检查传动带的安装情况。检查传动带是否正确地安装在传动带轮槽内,如果没有正确安装,则需重新安装传动带。

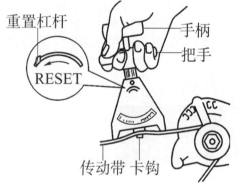

图 1-18 张力计测皮带张紧力

最后,检查传动带的张紧情况。可通过在规定的区域施加一个 98N 的力按压传动带来检查松紧程度,如图 1-17 所示;也可用传动带张紧力计检查传动带的张紧力来判断传动带张紧情况,如图 1-18 所示。

如果传动带过松,就可能造成传动带打滑、传动不完全;如果传动带过紧,则会使传动带易拉伸变形,同时,也会加速传动带轮及轴承磨损。传动带的张紧情况一般是通过调整螺栓调节相应附属装置固定带轮进行调整,如果传动带和张紧器达到使用寿命,则需要按要求进行更换。

四 评价与反馈

1 自我评价

(1)通过本学习任务的学习你是否已经知道以下知识:

①请简述汽车的整体构成。

_____

②发动机的作用是什么?请简述其基本组成。

_____

学习任务一 发动机传动带的检查与更换

③发动机的类型有哪些？是如何工作的？
_____

④发动机前端的附属装置有哪些？
_____

⑤传动带的作用是什么？有哪些主要形式？
_____

(2)更换传动带操作过程中用到了哪些工具？
_____

(3)实训过程完成情况如何？
□独立完成； □合作完成； □部分完成； □未完成。
(4)通过本学习任务的学习，你认为自己的知识和技能还有哪些欠缺？
_____

签名：_____　　_____年____月____日

❷ 小组评价

小组评价表见表1-2。

小组评价表　　　　　　　　　表1-2

序号	评价项目	评价情况
1	着装是否符合要求	
2	是否能合理规范地使用仪器和设备	
3	是否按照安全和规范的流程操作	
4	是否遵守学习、实训场地的规章制度	
5	是否能保持学习、实训场地整洁	
6	团结协作情况	

参与评价的同学签名：_____　　_____年____月____日

❸ 教师评价

_____

教师签名：_____　　_____年____月____日

五 技能考核标准

传动带的更换技能考核表见表1-3。

传动带的更换技能考核表　　　　　表1-3

序号	项目	操作内容	规定分	评分标准	得分
1	拆卸传动带	安装EN-6349锁销，取下传动带	30分	(1) 释放张紧力方法错误，扣10分； (2) 未用专用锁销对张紧器进行锁止，扣20分	
2	安装传动带	安装传动带并检查	40分	(1) 安装传动带方法错误，扣10分； (2) 未检查传动带是否对准发电机传动带轮、曲轴平衡器、传动带张紧器和水泵传动带轮，漏一项扣5分； (3) 未检查传动带在水泵传动带轮上的安装位置，扣10分	
		拆下EN-6349锁销，使张紧器回位	20分	(1) 未施加张紧力，扣10分； (2) 未拆下专用锁销，扣10分	
3	安全文明生产	(1) 安全放置、固定被检配件； (2) 检测工具、设备使用方法、步骤符合安全要求； (3) 操作过程必备安全防护用品佩戴齐全； (4) 现场整洁	10分	(1) 不安全放置的，扣2分； (2) 工具、设备使用方法不安全的，扣3分； (3) 防护用品佩戴不齐全的，扣3分； (4) 现场不整洁，扣2分	
		安全用电、防火，无人身、设备故障		因违规操作发生重大人身和设备事故，整项考核按0分记	
		分数合计	100分	最终得分	

学习任务二　发动机配气正时机构的检查与更换

 学习目标

知识目标

1. 掌握配气正时机构的功用与组成；
2. 掌握配气正时机构的常见传动方式和特点；
3. 掌握发动机装配正时的重要性；
4. 了解配气正时及可变配气技术；
5. 清楚配气正时机构损坏现象与原因。

技能目标

1. 能独立按维修手册要求，对配气正时机构进行规范的拆装作业；
2. 能正确检查配气正时机构。

建议课时

6课时。

某客户的汽车在做定期维护，其发动机正时齿形带已达到规定的更换周期，需要更换发动机正时齿形带。检查张紧器，如有必要需进行修理或更换。

一 理论知识准备

(一)配气正时机构的工作过程

配气正时是指进、排气门的开闭时刻和开启的持续时间,通常用曲轴转角来表示。

配气正时机构主要包括曲轴正时齿轮、凸轮轴正时齿轮、正时齿形带(正时链)、张紧轮等部件,如图 2-1 所示。

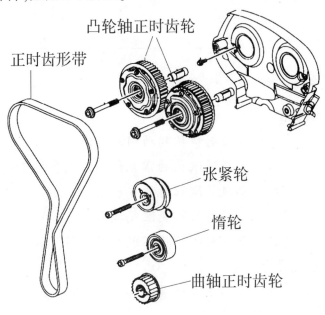

图 2-1 配气正时机构

发动机工作时,曲轴通过曲轴正时齿轮、正时齿形带、凸轮轴正时齿轮带动凸轮轴旋转,当凸轮轴上凸轮的凸起部分顶住气门挺柱时,气门挺柱压缩气门弹簧,使气门开启。当凸轮轴上凸轮的凸起部分离开气门挺柱时,在气门弹簧的作用下,气门关闭。

凸轮轴通过正时齿形带由曲轴驱动。四冲程发动机完成一个工作循环,曲轴旋转两周,各缸进、排气门开闭一次,凸轮轴只需转 1 周,因此曲轴与凸轮轴的转速之比为 2∶1。

(二)配气正时机构的常见传动方式和特点

为了保证发动机在工作时装配正时不发生改变,在发动机曲轴前端装有曲轴正时齿轮(或链轮),在凸轮轴前端装有凸轮轴正时齿轮(或链轮),两个正时齿轮(或链轮)都能够与相应的轴一同转动,并在两个正时齿轮(或链轮)之间装有正时传动装置,使装配好的曲轴与凸轮轴按固定传动比同步转动,以保证装配正时保持不变。

配气正时机构的传动方式一般采用链条驱动或正时齿形带驱动,有些汽车还采用正时齿轮驱动方式。常见传动方式有齿形带传动、链条传动和齿轮传动三种,如图2-2所示。

a)齿形带传动　　b)链条传动　　c)齿轮传动

图2-2　曲轴和配气凸轮轴的传动方式

❶ 齿形带传动

从20世纪80年代初开始,齿形带传动逐渐得到广泛使用。采用齿形带传动时,曲轴上的齿形带轮通过齿形带驱动凸轮上的齿形带轮,并用张紧轮调整齿形带张力,如图2-2a)所示。齿形带由纤维和橡胶制成,一面具有齿形,另一面是平面,具有噪声小、质量轻、成本低、工作可靠和不需要润滑等优点。齿形带要求汽车每行驶10000km检查一次,以确保工作可靠。和齿轮传动一样,齿形带和链条传动,在主动轮和被动轮上都有正时记号,安装时须按要求对准,以确保配气正时。

❷ 链传动

链传动用于顶置式凸轮轴的传动,尤其是顶置式凸轮轴的高速汽油机采用链传动的很多,如图2-2b)所示。与正时齿形带传动相比,正时链传动具有以下特点:

(1)使用寿命长(有些正时链在整个发动机使用寿命中无需更换),工作可靠,故障率低,维修成本低。

(2)正时链高速运转,会导致正时链磨损快,使链转动的噪声增大,因此,必须要设计相应的润滑系统进行冷却和润滑,会增加发动机的设计和制造成本。

(3)正时链传动阻力大,传动惯性大,会增加油耗,降低性能。

目前,大多发动机采用静音链传动,能够很好地解决链传动噪声大的问题。

3 齿轮传动

凸轮轴下置、中置的配气正时机构大多采用圆柱形正时齿轮传动。一般从曲轴到凸轮轴的传动只需一对正时齿轮,如图2-2c)所示。汽油机一般只用一对正时齿轮,即曲轴正时齿轮和凸轮轴正时齿轮。

(三)配气正时机构的张紧形式

为了保证正时传动装置正常、可靠的工作,正时传动装置必须装有张紧装置,以保持正时传动装置正常的张紧力。目前,多数发动机的正时传动装置都装有正时传动张紧力自动调节机构。

图2-3所示为采用正时齿形带传动的配气正时机构,其张紧装置设计成偏心轮结构,内部有弹簧,当张紧轮被正确安装到位后,弹簧被压缩,弹簧力通过偏心轮作用在正时皮带上,使正时皮带在工作过程中保持正常的张紧力,防止跳齿导致正时错误。

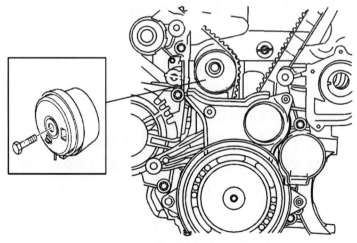

图2-3 正时皮带张紧装置

图2-4所示为采用链传动的配气正时机构,其张紧装置由链条张紧器和链条张紧器导板组成。张紧器安装到位后,张紧力首先作用于张紧器导板,张紧器导板在张紧器推动下,绕着导板支点旋转,从而压紧正时链条,使正时链条在工作过程中保持正常的张紧力,防止跳齿导致正时错误。

学习任务二　发动机配气正时机构的检查与更换

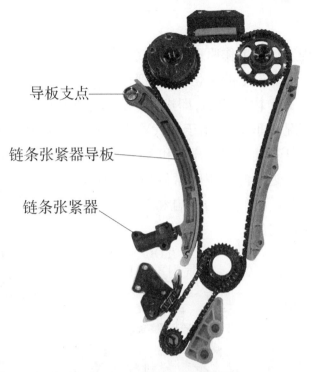

图 2-4　正时链条张紧装置

(四)发动机装配正时

发动机装配正时是指装配时确定曲轴与凸轮轴的相对位置,以确保活塞的行程与气门开闭的时刻相对应。发动机装配正时是配气正时和点火正时的基础,如果发动机装配正时不准确,会导致发动机配气正时和点火正时不准确,发动机将无法正常工作。为了保证发动机装配正时正确,在发动机的曲轴和凸轮轴上都标有装配正时标记,不同发动机装配正时的标记也不同,如图 2-5 所示。在发动机装配时,只要把正时标记对准,就可保证发动机装配正时正确。

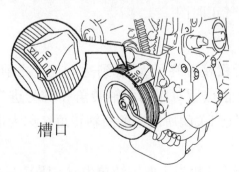
a)曲轴传动带轮上的装配标记

b)凸轮轴上的装配标记

图 2-5　曲轴传动带轮和凸轮轴上的装配标记

(五)配气正时

在介绍四冲程发动机工作原理时,把气门的开闭时间与活塞行程、曲轴转角三者之间的关系作了理论上的简化,就是把进、排气过程都看作是在活塞的一个行程内即曲轴转动180°内完成的,即进、排气门的开关时刻正好在活塞的上、下止点处。但实际情况并非如此,由于现代汽车发动机的转速都很高,为了保证汽缸进气充分、排气彻底,气门实际开启和关闭时刻并不正好在活塞的上、下止点,而是适当的提前和延迟。配气正时常用环形图来表示,称配气正时图,如图2-6所示,用于直观表示进、排气门的开启和关闭时刻,而最佳配气正时是由制造厂家通过反复试验来确定的。

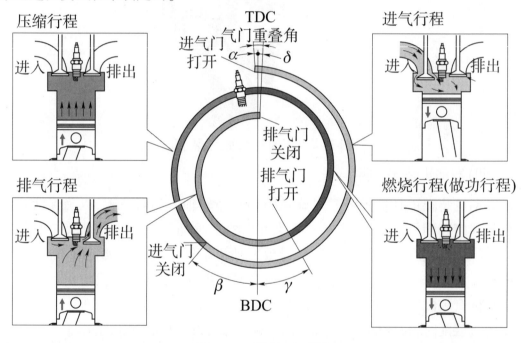

图2-6 配气正时图

1 进气门的配气正时

(1)进气提前角和迟后角。在排气行程接近终了,活塞到达上止点之前,进气门便开始开启,从进气门开始开启到上止点所对应的曲轴转角 α 称为进气提前角,α 一般为10°~30°。从下止点到进气门关闭所对应的曲轴转角 β 称为进气迟后角,β 一般为40°~80°。

可见,整个进气过程持续的时间(持续角)相当于曲轴转角为 $\alpha + 180° + \beta$。

(2)进气门早开和迟关的目的。进气门早开,使得活塞到达上止点开始向下止点运动时,进气门已有一定开度,使新鲜气体顺利进入汽缸。进气门迟关可充分利用气流的惯性和缸内外的压力差继续进气。再者进气门早开和迟关增加了进气时间,所以,进气门早开、迟关能增加汽缸的进气量。

❷ **排气门的配气正时**

(1)排气提前角和迟后角。在做功行程的后期,活塞到达下止点之前,排气门便开始开启。从排气门开始开启到下止点所对应的曲轴转角 γ 称为排气提前角,γ 一般为 $40°\sim80°$。从上止点到排气门关闭所对应的曲轴转角 δ 称为排气迟后角,δ 一般为 $10°\sim30°$。

整个排气过程持续的时间(持续角)相当于曲轴转角为 $\gamma+180°+\delta$。

(2)排气门早开和迟关的目的。排气门早开,使废气能利用自身压力迅速排出汽缸,减小排气行程活塞上行的阻力,可缩短废气在汽缸内的停留时间,防止发动机过热。排气门迟关,可利用废气压力和废气流的惯性继续排气。加上排气门早开和迟关延长了排气时间,所以,排气门早开、迟关可以使汽缸内的废气排除得更为干净。

❸ **气门重叠与气门重叠角**

由于进气门早开和排气门晚关,出现了在上止点附近的一段时间内进气门和排气门同时开启的现象,这种现象称为气门重叠。对应的曲轴转角($\alpha+\delta$)称为气门重叠角。一般而言,气门重叠角越大,高速性能越好,但是会产生怠速不稳。

(六)可变气门正时技术

发动机气门的开启和关闭由曲轴驱动,运转过程中曲轴和凸轮轴当相对位置不变,进排气门的早开角和迟闭角就固定不变,这只能保证发动机在某一转速范围下处于最佳的配气相位,而在发动机转速很低或很高时,其配气相位就会处于不理想的状态。

可变气门正时技术通过调整凸轮轴与凸轮轴正时轮的相对位置,来保持最佳的气门正时,以适应发动机工作状况,从而实现在所有速度范围提高转矩和燃油经济性,减少废气排放量。这种结构只是改变进排气门开、关时间的早晚,不影响气门开启的时长和升程。

气门正时的调节由凸轮轴调节器及其电磁阀控制实现,其结构如图2-7所示。凸轮轴调节器由定子、转子、叶片和锁止销组成,其中定子与凸轮轴正时齿轮为一个整体,叶片、转子和凸轮轴安装成一个整体。当锁止销处于锁止状态时,定子和转子被固定,两者之间的相对位置不会发生变化。当锁止销处于解锁状态时,定子和转子在液压油的作用下,两者之间相对位置可在一定角度范围内发生变化。

如图2-8所示,电磁阀控制油液的流通路径和进入凸轮轴调节器阀腔的油量,从而实现凸轮轴相对于曲轴的"提前"和"滞后"控制,使气门重叠角的大小能够随着发动机转速的变化做出相应调整,提高进气效率、降低排放。

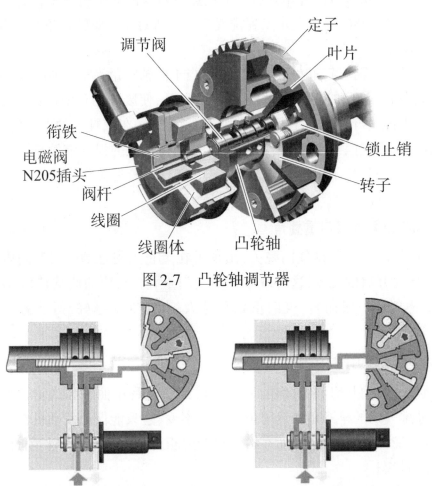

图2-7 凸轮轴调节器

a)凸轮轴提前控制   b)凸轮轴滞后控制

图2-8 可变气门正时控制原理

二 任务实施

正时齿形带的拆装与检查

1 准备工作

(1)科鲁兹轿车LDE发动机,已拆除凸轮轴盖。

学习任务二 发动机配气正时机构的检查与更换

（2）维修手册。

（3）常用拆装工具。

（4）专用工具：EN-6628-A 锁止工具、EN-652 固定工具、EN-6333 锁销。

❷ 操作步骤与技术规范

操作步骤与技术规范见表 2-1。

操作步骤与技术规范 表 2-1

操作步骤	过程	技术规范与操作要领
拆卸配气正时机构	拆卸曲轴扭振减振器	操作要领： （1）旋转曲轴扭转减振器紧固螺栓，直到标记 1 与汽缸 1 在上止点处对齐； （2）箭头所指的六角水平对准凸轮轴，直至 EN-6628-A 锁止工具可以插入两个凸轮轴内； （3）安装 EN-6628-A 锁止工具 1；

续上表

操作步骤	过程	技术规范与操作要领
拆卸配气正时机构	拆卸曲轴扭振减振器	(4)安装 EN-652 固定工具 1,通过起动机齿圈锁止飞轮 2 或自动变速器挠性盘; 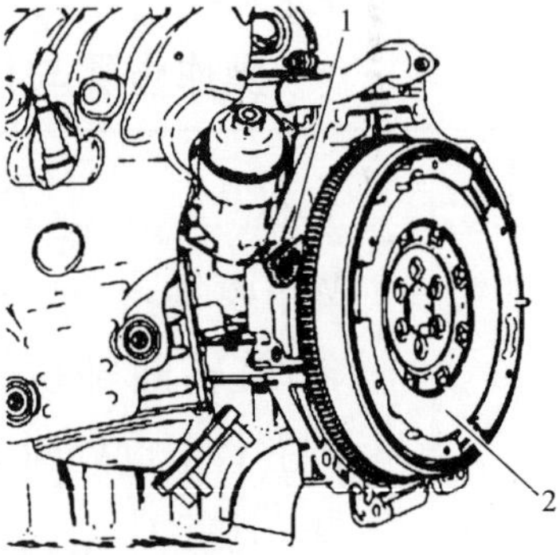 (5)拆下曲轴扭转减振器螺栓 4,拆下曲轴扭转减振器垫圈 3,拆下曲轴扭转减振器 2 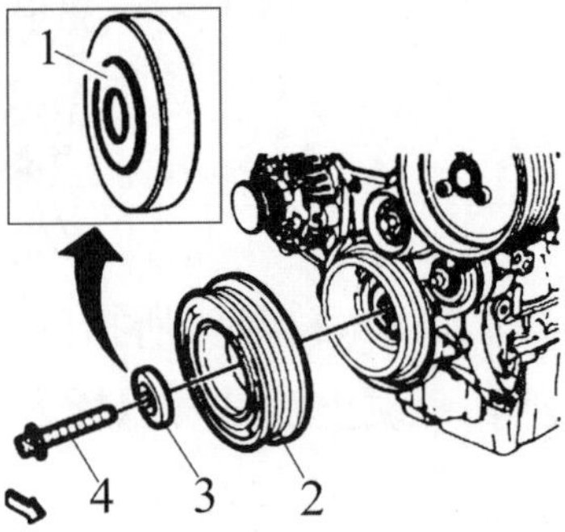
	拆卸正时齿形带护盖	操作要领: (1)拆下 2 个正时齿形带上前盖螺栓 2,拆下正时齿形带上前盖 1(左图); (2)拆下正时齿形带中前盖 1(右图); 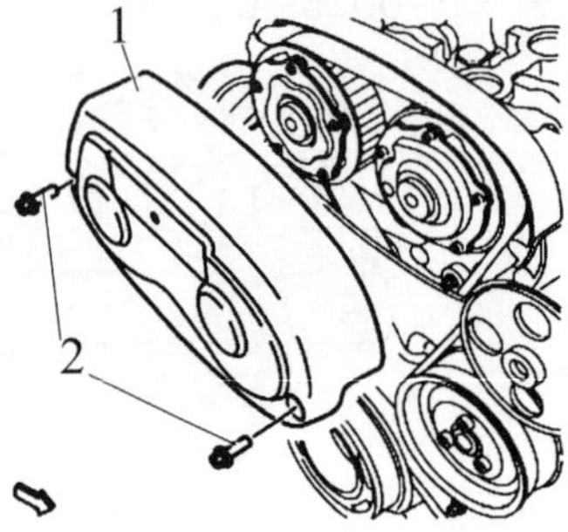 

续上表

操作步骤	过程	技术规范与操作要领
拆卸配气正时机构	拆卸正时齿形带护盖	（3）拆下4个正时齿形带下前盖螺栓2，拆下正时皮带下前盖1 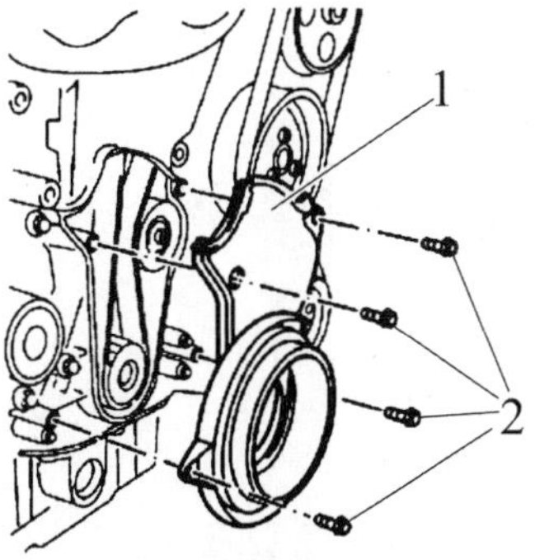
	拆卸正时齿形带张紧器与正时齿形带	技术规范： 进气凸轮轴调节器上的点式标记4必须略高于EN-6340左侧凹槽；排气侧凸轮轴调节器3上的点式标记必须与EN-6340右侧凹槽一致。 操作要领： （1）将EN-6340锁止工具安装到凸轮轴位置执行器调节器中（左图）； （2）使用内六角扳手1对正时皮带张紧轮2施加张力，安装EN-6333锁销3（右图）； 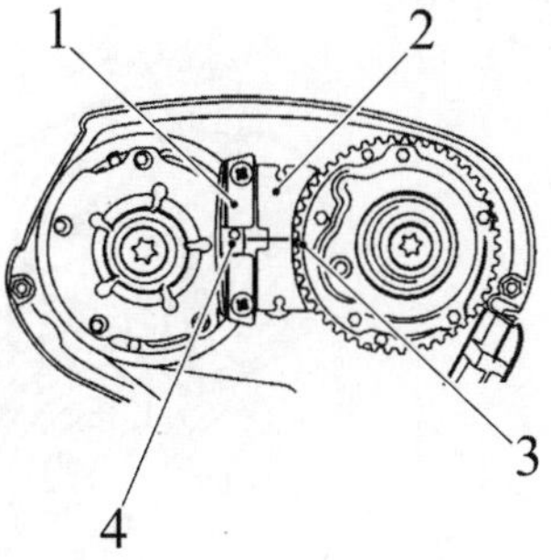 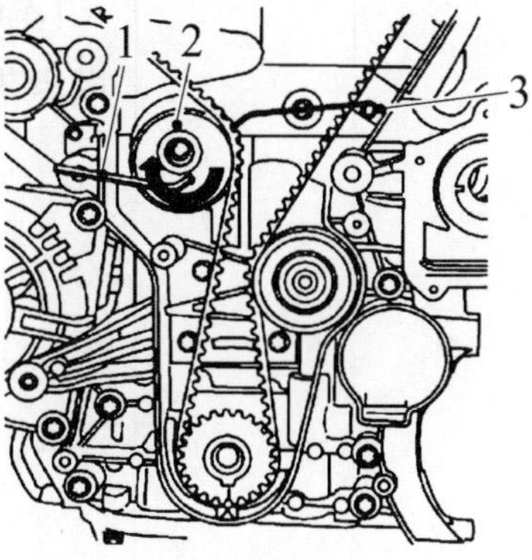

续上表

操作步骤	过程	技术规范与操作要领
拆卸配气正时机构	拆卸正时齿形带张紧器与正时齿形带	(3)拆下张紧器螺栓3,拆下正时皮带张紧器2,拆下正时皮带1 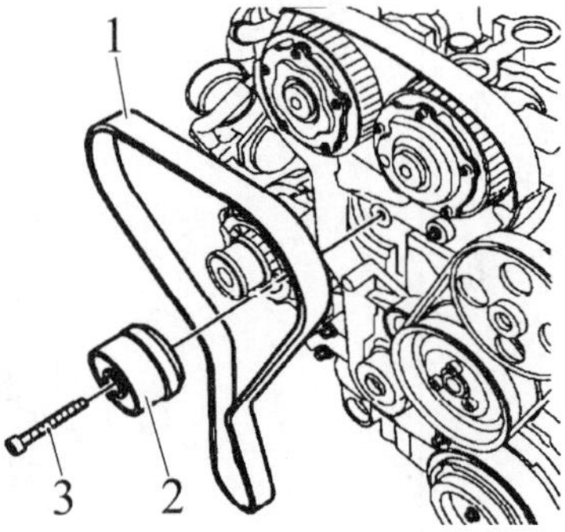
检查配气正时机构	外观检查	操作要领: (1)检查正时齿形带磨损、损伤、裂纹、油污; (2)检查曲轴链轮1的磨损状态; (3)检查涨紧轮2和惰轮3轴承松旷、噪声; 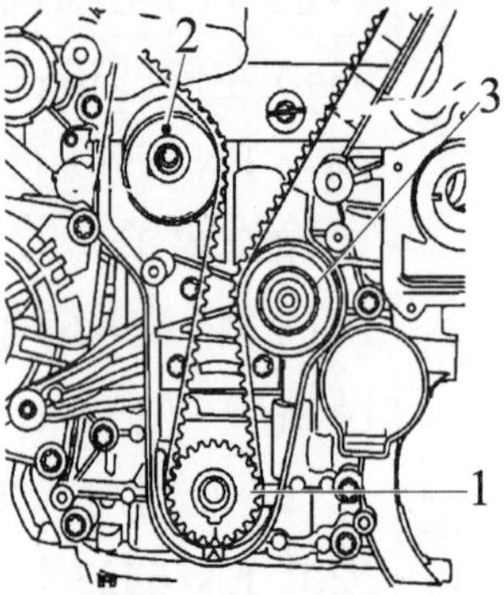 (4)检查进排气凸轮轴位置执行器调节器齿轮3的磨损状态 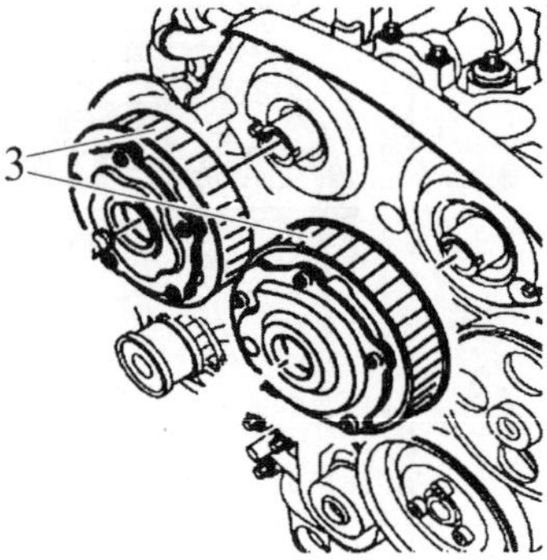

续上表

操作步骤	过程	技术规范与操作要领
安装配气正时机构	安装正时齿形带张紧器	技术规范： 正时齿形带张紧器螺栓：20N·m。 操作要领： (1)清洁正时齿形带张紧器螺栓； (2)安装正时齿形带张紧器,注意张紧器内部弹簧一端要正确卡在发动机前盖凹槽内； (3)安装正时齿形带张紧器螺栓
	安装正时齿形带	技术规范： 如果重复使用正时齿形带,拆卸时必须记录齿形带的方向,并且在安装时保证方向一致。 操作要领： (1)检查确认正时齿形带型号及安装方向,准备安装正时齿形带； (2)使用合适大小的内六角扳手,向图示箭头所指方向转动张紧轮,并用 EN-6333 锁销 3 固定； 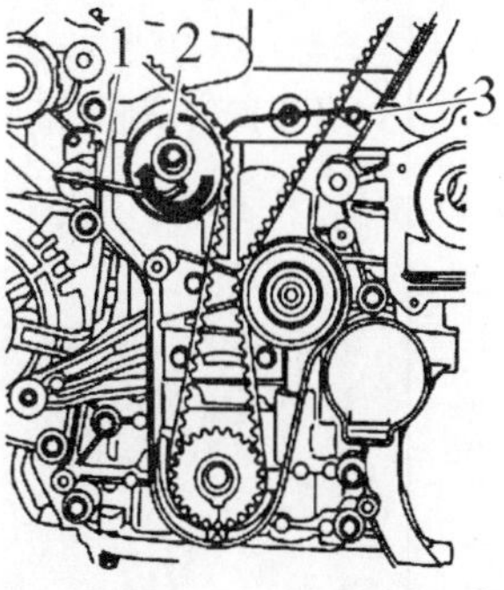 (3)安装正时齿形带。为保证齿形带安装过程中曲轴和凸轮轴之间以及进排气凸轮轴之间不发生转动,需要安装 EN-6340 锁止工具和 EN-6625 曲轴锁止工具； (4)正时齿形带安装到位后,拆卸 EN-6340 锁止工具和 EN-6625 曲轴锁止工具,释放正时齿形带张紧器

续上表

操作步骤	过程	技术规范与操作要领
安装配气正时机构	检查正时状况	技术规范： (1)进气凸轮轴调节器上的点式标记4必须略高于EN-6340左侧凹槽；排气侧凸轮轴调节器3上的点式标记必须与EN-6340右侧凹槽一致； (2)曲轴链轮与机油泵壳体记号对齐。 操作要领： (1)通过曲轴扭转减震器上的螺栓，沿发动机旋转的方向将曲轴转动两圈(720°)； (2)将EN-6340锁止工具安装到凸轮轴位置执行器调节器中，检查进排气凸轮轴位置执行器调节器的标记是否符合技术规范； (3)检查曲轴链轮与机油泵壳体记号是否对齐； (4)拆卸EN-6340锁止工具
安装正时机构护盖	安装正时齿形带下护盖	技术规范： 正时齿形带盖螺栓:6N·m。

续上表

操作步骤	过程	技术规范与操作要领
安装正时机构护盖	安装正时齿形带下护盖	操作要领： 安装下部正时齿形带盖1，安装4个下部正时齿形带盖螺栓2，并按技术规范紧固螺栓扭矩 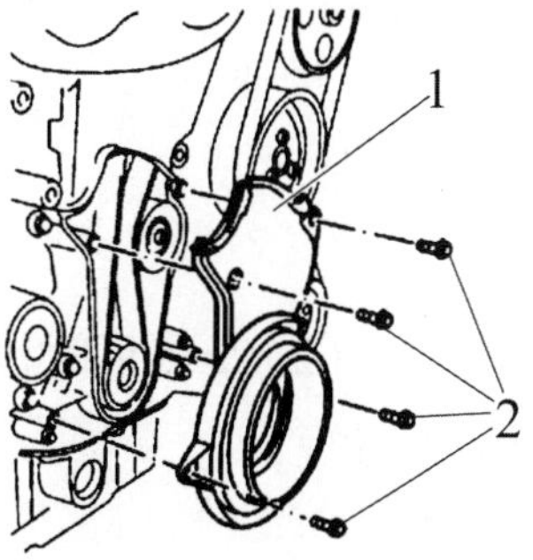
	安装曲轴扭转减振器	技术规范： 曲轴扭转减振器螺栓：95N·m+45°+15°。 操作要领： (1)安装曲轴扭转减振器2； (2)安装新的曲轴扭转减振器螺栓1并使用专用角度仪分三遍紧固。第一遍紧固至95N·m，第二遍紧固至45°，第三遍紧固至15° 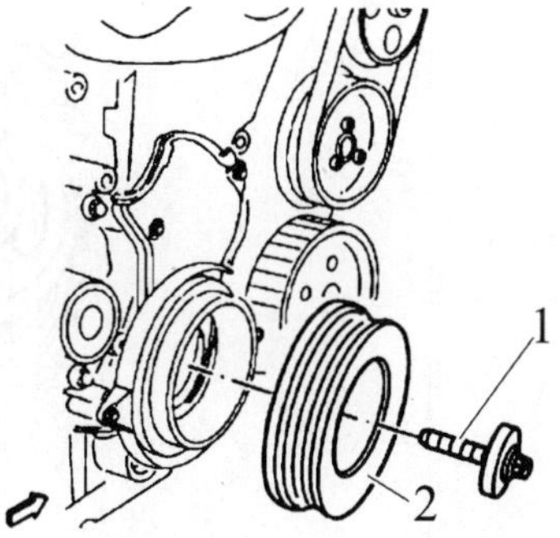
	安装正时齿形带中前盖和上前盖	技术规范： 正时皮带上前盖螺栓：6N·m。 操作要领： (1)安装正时齿形带中前盖1；

续上表

操作步骤	过程	技术规范与操作要领
安装正时机构护盖	安装正时齿形带中盖和上前盖	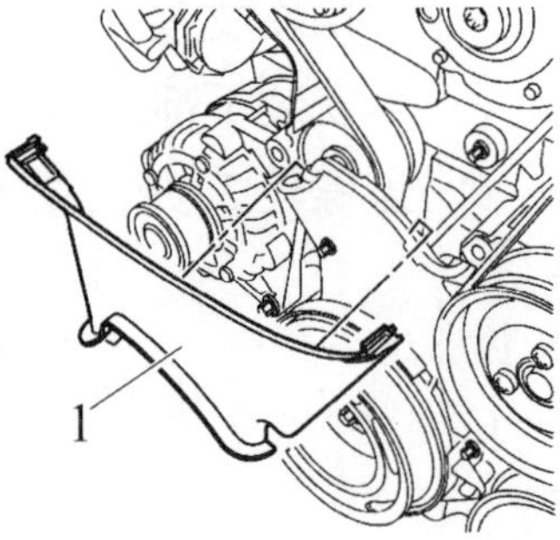 （2）安装正时齿形带上前盖1，并按技术规范紧固螺栓扭矩； 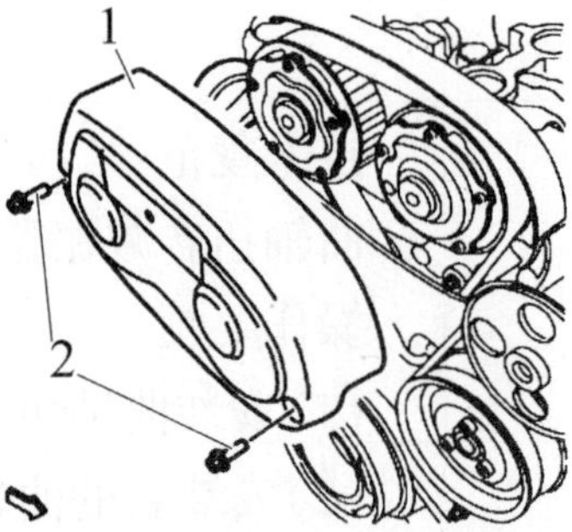 （3）旋转曲轴2圈以上，检查曲轴扭转减震器的正时标记1，其缺口标记应与下护盖缺口标记对齐 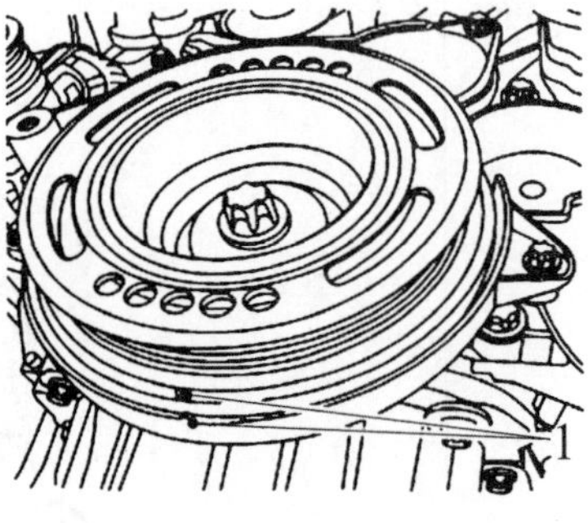

三 学习拓展

发动机在工作时，如果出现正时传动装置断裂，发动机的曲轴和凸轮轴将不再同步转动，此时活塞的行程与气门的开闭时刻将不再对应，会出现活塞和气门占据着相同空间的情况，会发生"顶气门"，造成气门和活塞等部件严重受损。

正时齿形带的损坏和故障取决于多种因素,或者说是这些因素一起作用的结果。这些因素包括以下4个方面。

❶ 正常磨损

经过长期使用的正时齿形带发生了上百万次的扭曲和扭转变形,这样的变形很容易使正时齿形带发生严重的磨损。工作正常的正时齿形带,在其更换周期内,一般都不会发生因正常的磨损而导致正时齿形带损坏的情况。如果出现损坏,则说明正时齿形带的工作情况不正常,一定存在其他方面的问题,主要包括以下3个方面:

(1)正时齿形带的结构缺陷。正时齿形带上的任何瑕疵都会导致其使用寿命的缩短,例如正时齿形带上细小的裂纹、合成材料不完美、刻痕或切口等。如今,随着正时齿形带制造工艺技术的进步,这些问题已经得到了很好的解决,很少出现这方面的问题。

(2)惰轮和导向轮转动不灵活。这些滑轮是用来让正时齿形带在张紧状态下保持对正,并在正确的轨迹上运转,同时最大限度地降低那些引起正时齿形带破损的"飘移"作用。如果由于劣质轴承、破损轴套或是润滑不当等原因导致滑轮不能自由旋转,那么正时齿形带将会在这些滑轮表面滑动,从而导致摩擦生热或把正时齿形带表面磨得光滑。摩擦生热会加快正时齿形带的老化,而表面的光滑将减弱正时齿形带的传动。进而影响其正常功能。

(3)张紧轮运转不正确。张紧轮按需要提供适当的张紧力并自由地旋转,所以当张紧轮不能正确工作时,就像惰轮和导向轮一样,将会给正时齿形带的工作寿命带来很大影响。

❷ 安装不正确

正时齿形带工作时,每根正时齿形带都绕着其轨迹以每分钟数千转的速度运动着,这种面面接触的开合运动产生的巨大摩擦力将会导致正时齿形带的提前损坏。因此,在安装正时齿形带的前后,我们都要对正时系统各部件安装的位置进行仔细的检查,查看是否准确对正,这样就可以尽量避免因为安装位置不准确而导致正时齿形带的提前损坏。

❸ 外部污染

与正时齿形带相接触的任何东西都可能损坏正时齿形带,这就是正时齿形带工作时整个系统需要被覆盖和保护的原因。然而即使正时齿形带的绝大部分都被保护起来,仍会有少量发动机内的油液,例如机油、冷却液等影响到正时齿形带,使其打滑或发生化学腐蚀。另外,小石子、小金属屑或其他碎屑也可以通过某些途径钻到正时齿形带区域,这些也都可能损害正时齿形带。

❹ 配件更换不正确

目前,大部分正时齿形带制造商和供应商都提供正时齿形带的更换组件,其中包括正时齿形带、张紧轮、惰轮和导向轮在内的所有部件,并统一装在一个盒子里,这些部件都是根据特殊使用条件定做的。如果张紧轮或惰轮出现问题而不予更换,将会导致刚更换不久的正时齿形带再一次出现故障,因此,最好是同时更换正时系统的所有部件。

四 评价与反馈

❶ 自我评价

(1)通过本学习任务的学习你是否已经知道以下知识:
①请简述汽车的整体构成。
_____。
②配气正时机构的作用是什么?请简述其基本组成。
_____。
③配气正时机构的常见传动方式有哪些?
_____。
④发动机装配正时不正确会有何影响?
_____。

(2)更换配气正时机构的操作过程中用到了哪些工具?
_____。

(3)实训过程完成情况如何?
□独立完成; □合作完成; □部分完成; □未完成。

(4)通过本学习任务的学习,你认为自己的知识和技能还有哪些欠缺?
_____。

签名:_____ ____年___月___日

❷ 小组评价

小组评价表见表2-2。

小组评价表　　　　　　　　　　　　　表2-2

序号	评价项目	评价情况
1	着装是否符合要求	
2	是否能合理规范地使用仪器和设备	
3	是否按照安全和规范的流程操作	
4	是否遵守学习、实训场地的规章制度	
5	是否能保持学习、实训场地整洁	
6	团结协作情况	

参与评价的同学签名：_____　　　　　___年___月___日

3 教师评价

_____

_____。

教师签名：_____　　　　　___年___月___日

五 技能考核标准

正时齿形带拆装与检查技能考核标准见表2-3。

正时齿形带拆装与检查技能考核表　　　　　　表2-3

序号	项目	操作内容	规定分	评分标准	得分
1	拆卸配气正时机构	拆卸曲轴扭振减振器	15分	（1）曲轴扭转减振器上的标记没有与1缸上止点处对齐，扣5分；（2）EN-6628-A锁止工具安装不正确，扣5分；（3）EN-652固定工具安装不正确，扣5分	
		拆卸正时齿形带张紧器与正时齿形带	10分	（1）未对齐正时齿形带传动齿轮和油泵壳体，扣5分；（2）安装EN-6333锁销方法不正确，扣5分	

续上表

序号	项目	操作内容	规定分	评分标准	得分
2	检查配气正时机构	外观检查	20分	(1)未检查正时齿形带磨损、损伤、裂纹、油污,扣5分; (2)未检查曲轴链轮的磨损状态,扣5分; (3)未检查张紧轮和惰轮轴承松旷、噪声,扣5分; (4)未检查进排气凸轮轴位置执行器调节器齿轮的磨损状态,扣5分	
3	安装配气正时机构	安装正时齿形带张紧器及正时齿形带	25分	(1)拆下EN-6333锁销方法不正确,扣5分; (2)释放正时齿形带上的张力方法不正确,扣5分; (3)齿形带张紧器螺栓未紧固至规定扭矩,扣5分; (4)安装正时齿形带后,检查安装状况不正确,扣10分	
4	安装配气正时机构	安装下部正时齿形带护盖	5分	安装下部正时齿形带盖螺栓未紧固至规定扭矩,扣5分	
		安装曲轴扭转减振器	10分	安装新的曲轴扭转减振器螺栓未紧固至规定扭矩,扣10分	
		安装正时齿形带中前盖	5分	安装正时齿形带上前盖螺栓未紧固至规定扭矩,扣5分	

续上表

序号	项目	操作内容	规定分	评分标准	得分
5	安全文明生产	安全放置、固定被检配件；检测工具、设备使用方法、步骤符合安全要求；操作过程必备安全防护用品佩戴齐全；现场整洁	10分	(1)不安全放置的,扣2分；(2)工具、设备使用方法不安全的,扣3分；(3)防护用品佩戴不齐全的,扣3分；(4)现场不整洁,扣2分	
		安全用电,防火,无人身、设备故障		因违规操作发生重大人身和设备事故,此题按0分记	
分数合计			100分	最终得分	

学习任务三　发动机配气机构的检测与维修

　学习目标

　知识目标

1. 掌握配气机构的功用与组成；
2. 掌握配气机构的主要布置形式；
3. 掌握气门组构造及工作过程；
4. 掌握凸轮轴构造及结构特点；
5. 了解气门间隙的概念及液压挺柱的工作原理。

技能目标

1. 能正确完成气门组的拆装与测量；
2. 能正确完成凸轮轴的拆装与测量；
3. 能正确检查与调整气门间隙。

建议课时

16课时。

　任务描述

某客户反映汽车近期动力不足，油耗增加。经检测排除机体密封不严，初步诊断为气门密封不严所致，需要对配气机构进行解体检查。

学习任务三　发动机配气机构的检测与维修

一　理论知识准备

(一)配气机构的功用与组成

配气机构的作用是按照发动机的工作循环和点火次序的要求,定时地开闭进、排气门,向汽缸供给可燃混合气(汽油机)或新鲜空气(柴油机),并及时排出废气。

配气机构由气门组和气门传动组组成,如图 3-1 所示。

气门组包括气门、气门座、气门导管和气门弹簧等部件。

气门传动组(配气正时机构)包括凸轮轴、曲轴正时齿轮、凸轮轴正时齿轮、正时齿形带、张紧轮、气门挺柱等部件。

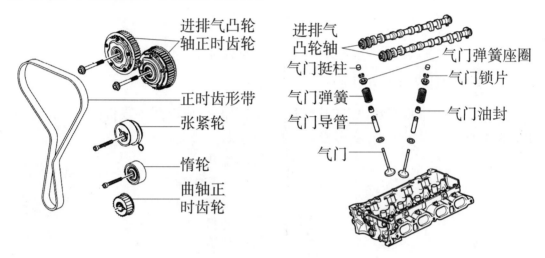

图 3-1　配气机构组成

(二)配气机构的主要布置形式

配气机构的主要布置形式有:侧置式,气门布置在汽缸的一侧;顶置式,气门布置在汽缸盖上,如图 3-2 所示。

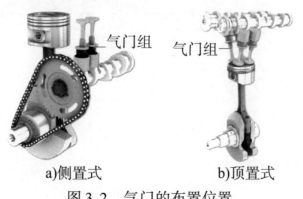

a)侧置式　　　b)顶置式

图 3-2　气门的布置位置

气门的数目常见有2气门、3气门、4气门和5气门,如图3-3所示。多气门结构,使发动机的进排气流通截面积增大,提高了充气效率,改善了发动机的动力、经济性能和排放性能。

图3-3 气门的数目

(三)气门组的功用与组成

气门组的作用是实现汽缸的密封。气门组的组成以及各零件间的装配关系如图3-4所示。

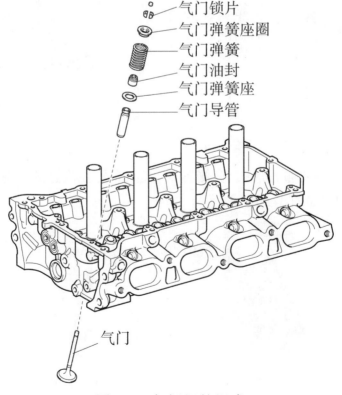

图3-4 气门组的组成

学习任务三　发动机配气机构的检测与维修

❶ 气门

气门主要起到控制进、排气道的开闭作用。

气门是在高温、高压、润滑困难等条件下工作,这就要求气门具有足够的强度、刚度、耐磨、耐高温、耐腐蚀等特性。通常进气门采用合金钢(铬钢或镍铬等)制成,排气门采用耐热合金钢(硅铬钢等)制成。

气门主要由两个部分组成:头部、杆身,如图3-5所示。

气门头部与气门座圈的接触面是一个圆锥斜面,如图3-6所示,这个斜面与气门顶部平面之间的夹角称为气门锥角 α,一般为45°和30°。进气门锥角较小时,气门通过断面较大,进气阻力较小,可以增加进气量。但是,气门锥角小会导致气门头部边缘较薄,刚度较差,容易变形,致使气门与气门座圈之间的密封性变差。较大的气门锥角可提高气门头部边缘的刚度,气门落座时有较好的自动对中作用,与气门座圈有较大的接触压力等。这些都有利于气门与气门座圈之间的密封和传热,并有利于挤掉密封锥面上的积炭。因此,气门头边缘应保持一定厚度,一般为1~3mm,以防工作中冲击损坏和被高温烧蚀。考虑到排气阻力对发动机性能的影响比进气阻力小得多,为减小进气阻力,增加进气量,一般进气门头部直径比排气门大。

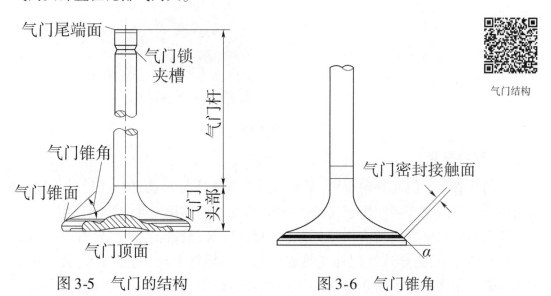

气门结构

图3-5　气门的结构　　图3-6　气门锥角

气门杆与气门头部制成一体,装在气门导管内起导向作用,杆身与头部采用圆滑过渡连接。气门杆尾端的形状决定气门弹簧座的固定方式,采用剖分成两半且外表面为锥面的气门锁夹来固定上气门弹簧座,如图3-7所示,结构简单,工作可靠,拆装方便,因此得到了广泛的应用。

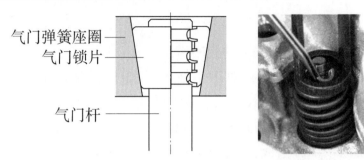

图 3-7　气门弹簧座的固定

❷ 气门座圈

汽缸盖上的进、排气道与气门锥面相接合的部位称为气门座圈,如图 3-8 所示。气门座圈的锥角与气门锥角相同,一般也是 30°或 45°。气门座圈与气门头部密封锥面配合密封汽缸,此外,气门座圈对气门起到导热作用。

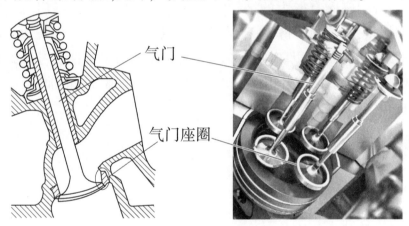

图 3-8　气门座圈

❸ 气门导管

气门导管对气门起导向作用,保证气门作直线往复运动,使气门与气门座圈紧密贴合。当凸轮直接作用于气门杆端时,承受侧向作用力并起传热作用。

气门与气门导管间留有微量间隙,从而保证气门杆能在气门导管中自由运动。该间隙过小,会导致气门杆受热膨胀与气门导管卡死;间隙过大,会使机油进入燃烧室燃烧。为了防止过多的机油进入燃烧室,有的在气门导管上安装有橡胶油封。

❹ 气门弹簧

气门弹簧的作用是保证气门关闭时能紧密地与气门座圈贴合,并防止气门在发动机振动时因跳动而破坏密封。为保证上述作用的实现,气门弹簧的刚度一般都很大,而且在安装时进行了预紧压缩。

(四)气门传动组的功用与组成

气门传动组的作用是按发动机配气相位要求的时间及时开、闭气门,并保证规定的开启时间和开启高度。由于气门驱动形式和凸轮轴位置的不同,气门传动组的零件组成差别很大。

气门传动组包括凸轮轴、挺柱、推杆、摇臂气门间隙调整螺钉等。

1 凸轮轴

凸轮轴是气门驱动组中最主要的零件,如图3-9所示,其功用是用来驱动并控制各缸气门的开启和关闭,使其符合发动机的工作顺序、配气正时及气门开度的变化规律等要求。

气门传动组组成

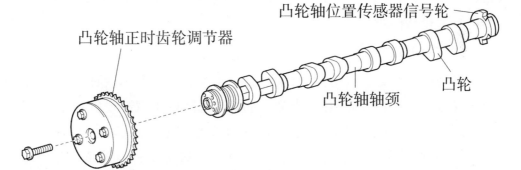

图3-9 凸轮轴

常见布置形式有顶置式凸轮轴、中置式凸轮轴、下置式凸轮轴,如图3-10所示。

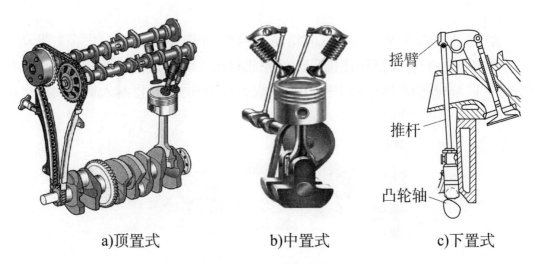

图3-10 凸轮轴的布置位置

顶置式凸轮轴的特点是气门和凸轮轴都布置在汽缸盖上,凸轮轴由链条或齿形带驱动直接顶动气门,从而可取消摇臂、摇臂轴、推杆,以提高整个系统的刚度。

中置式凸轮轴将凸轮轴移至汽缸的上部,由凸轮轴经过推杆直接驱动摇臂,使发动机处于较高转速时,气门传动机构的往复运动质量减小。

下置式凸轮轴大多数用于转速较低的发动机,其特点是凸轮轴平行布置在曲轴的一侧,由于曲轴和凸轮轴位置靠近,只用一对正时齿轮传动,使得传动系统比较简单,但刚度较低。

顶置式凸轮轴有单顶置(SOHC)和双顶置(DOHC)之分。单顶置凸轮轴将进气凸轮和排气凸轮布置在同一根凸轮轴上。双顶置式凸轮轴的两根凸轮轴,一根是进气凸轮轴,上面布置有各缸的进气凸轮;另一根是排气凸轮轴,上面布置的是各缸的排气凸轮。

❷ 凸轮轴轴颈与轴承

凸轮轴轴颈用来支承凸轮轴,凸轮轴有全支承和非全支承两种。全支承凸轮轴每个汽缸两端都有一个轴颈,而非全支承则是每隔两个汽缸设置一个轴颈。由于装配方式的不同,轴颈的直径有的相等,有的则从前向后依次减小,以便于安装。

凸轮轴轴颈的润滑采用压力润滑,汽缸体或汽缸盖上钻有油道与轴承相通。凸轮与挺柱间采用飞溅润滑。

❸ 挺柱

挺柱的功用是将凸轮轴旋转时产生的推力传给推杆或气门,有普通挺柱和液压挺柱两种。

普通挺柱常见的形式有筒式和滚轮式两种,如图3-11所示。大多数发动机采用筒式挺柱,有些大型柴油机采用滚轮式挺柱。滚轮式挺柱可减少摩擦力和侧向力,但结构复杂,质量大。挺柱的下端设有油孔,以便将漏入挺柱内的机油引到凸轮表面进行润滑。

图3-11　机械挺柱

学习任务三　发动机配气机构的检测与维修

液压挺柱的长度能自动调整,所以不需预留气门间隙,也没有气门间隙调整装置,如图3-12所示。液力挺杆主要由挺柱体、柱塞、单向阀和弹簧等组成,利用单向阀的作用储存或释放机油,通过改变挺杆体腔内的机油压力就可以改变液力挺杆的工作长度,从而起到自动调整气门间隙的作用。

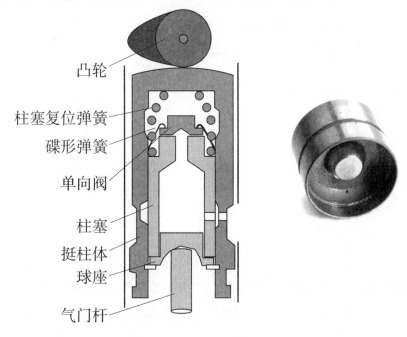

图 3-12　摇臂组件结构图

(五)气门间隙

1　气门间隙的含义

发动机工作时,气门因温度升高而膨胀。通常在发动机冷态装配(气门完全关闭)时,在气门与其传动机构中,留有适当的间隙,以补偿气门受热后的膨胀量,这一间隙通常称为气门间隙,如图3-13所示,不同机型,气门间隙的大小不同,根据实验确定,一般冷态时,排气门间隙大于进气门间隙,进气门间隙约为 0.25~0.3mm,排气门间隙约为 0.3~0.35mm。

2　气门间隙异常的影响

间隙过大就会造成进、排气门开启滞后,缩短了进排气时间,降低了气门的开启高度,改变了正常的配气正时,使发动机因进气不足,排气不净而功率下降,此外,还使配气机构零件的撞击增加,磨损加快;间隙过小将会造成发动机工作后,零件因受热膨胀,将气门推开,使气门关闭不严,造成漏气,功率下降,并使气门的密封表面严重积炭或烧坏,甚至气门撞击活塞。采用液压挺柱的配气机构不需要留气门间隙。

3 气门间隙的常见调整方法

(1) 用更换气门挺柱的方法调整气门间隙，如图 3-14 所示。

调节气门间隙

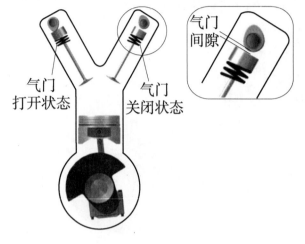

图 3-13 气门间隙　　　　图 3-14 更换气门挺柱调整间隙

(2) 用更换调整垫片的方法调整气门间隙，如图 3-15 所示。

(3) 通过转动安装在摇臂上的调整螺钉调整气门间隙，如图 3-16 所示。

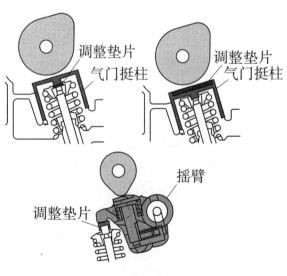

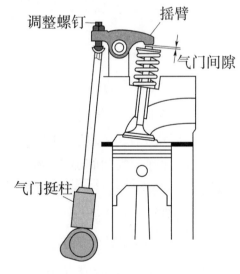

图 3-15 更换垫片调整间隙　　　　图 3-16 调整螺钉调整间隙

(六) 气门间隙液压补偿机构

轿车发动机普遍采用气门间隙液压补偿机构，气门间隙液压补偿机构能自动调整，所以不需预留气门间隙，也没有气门间隙调整装置。

气门间隙液压补偿机构结构,如图 3-17 所示,其工作原理是当发动机温度变化时,调整油腔摇臂一端的高度,从而起到补偿气门间隙的目的。

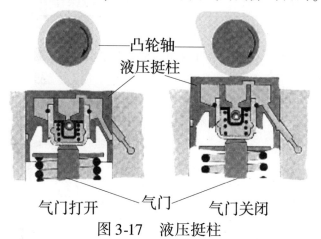

图 3-17　液压挺柱

二　任务实施

(一)气门组的拆装

❶ 准备工作

(1)科鲁兹轿车 LDE 发动机汽缸盖总成。

(2)维修手册。

(3)常用拆装工具。

(4)专用工具:EN-6215 装配工具、EN-6167 固定工具、EN-6171 释放工具、EN-840 油封拆卸工具、EN-849 装配托架、EN-6086 杠杆。

❷ 操作步骤与技术规范

操作步骤与技术规范见表 3-1。

操作步骤与技术规范　　　　表 3-1

操作步骤	过　程	技术规范与操作要领
拆卸气门挺柱	拆卸气门挺柱	技术规范: 拆卸气门挺柱并将之放在一个显示组装位置的纸上。 操作要领: (1)不要用钳子,否则易损坏气门挺柱; (2)重新组装期间,将气门挺柱重新组装在与其拆卸时完全相同的位置

续上表

操作步骤	过程	技术规范与操作要领
拆卸气门	安装气门拆卸专用工具	操作要领： (1) 安装 EN-6215-4 装配装置的 EN-6215-5 侧支座 1； 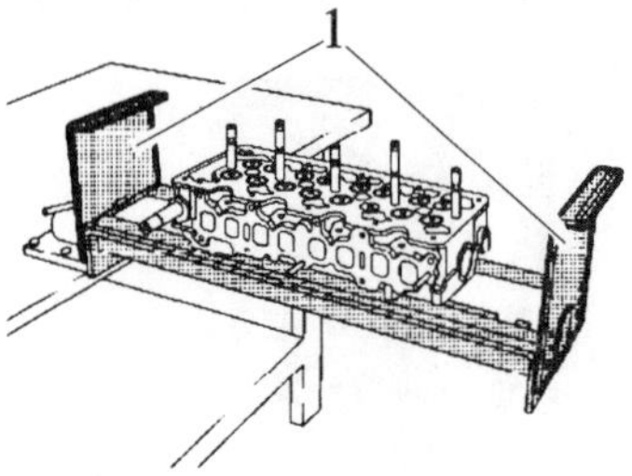 (2) 安装 EN-6215-4 装配装置 1； 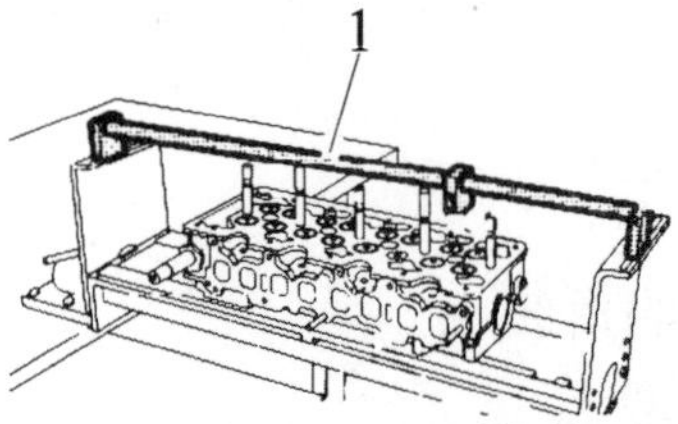 (3) 必须清除火花塞螺纹上的燃烧残留物，以确保可以正确连接反向固定工具，将丝锥（M14×1.25）1 插入火花塞螺纹中并平稳拧入； 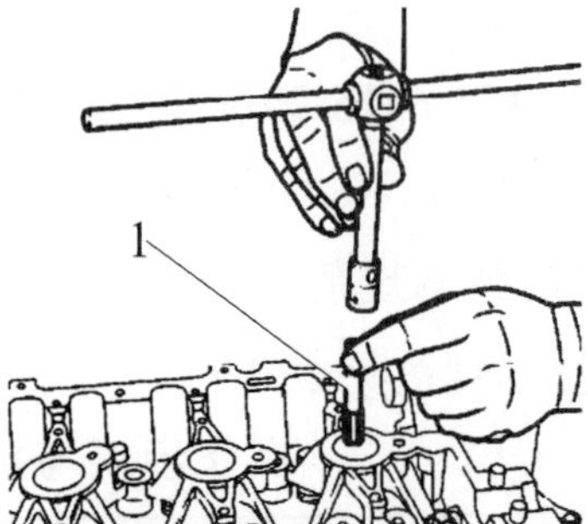 (4) 转动汽缸盖底板； (5) 安装反向固定工具[针对不同燃烧室类型，有 2 种反向固定工具（A 型和 B 型）]； 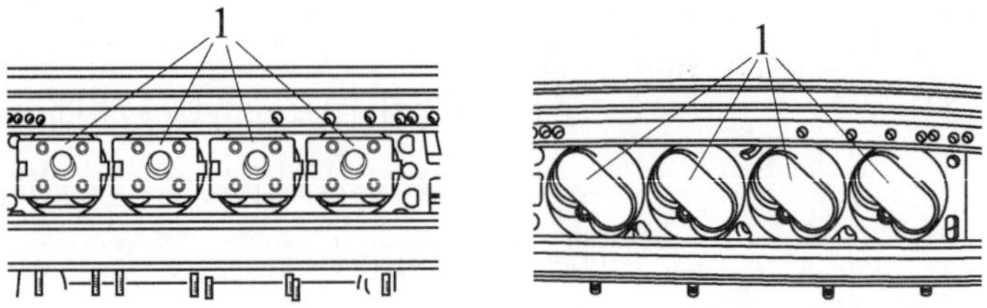

续上表

操作步骤	过程	技术规范与操作要领
	安装气门拆卸专用工具	(6)安装 EN-6167 固定工具 1,用安全锁销连接 EN-6215-3 安装设备 3,安装固定螺栓 2,再次转动汽缸盖底板 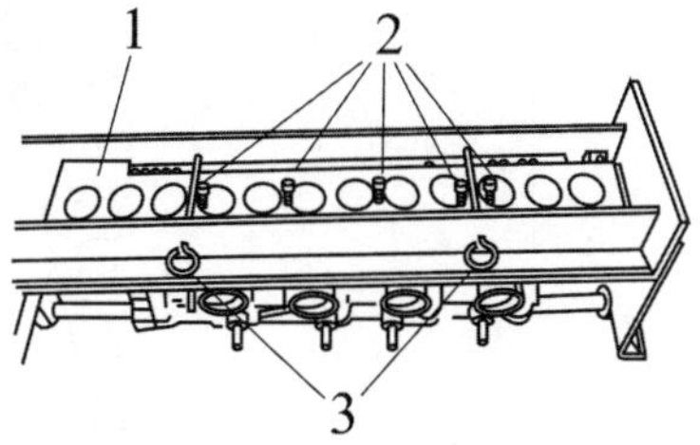
拆卸气门	拆卸气门及气门弹簧	技术规范: 必须将气门弹簧压缩工具 1 平行定位在气门弹簧上,以确保工具和组件都不会损坏,为此,在杠杆选上选择适当的孔。如果不能平行定位气门弹簧压缩装置,必须相应调整杠杆。 操作要领: (1)确保在拆卸气门楔块过程中没有损坏任何专用工具,用 EN-6171 释放工具 1 松开气门座圈,将 EN-6171 释放工具放在气门座圈上,并用橡胶锤短暂敲击,所有气门座圈都将松开; 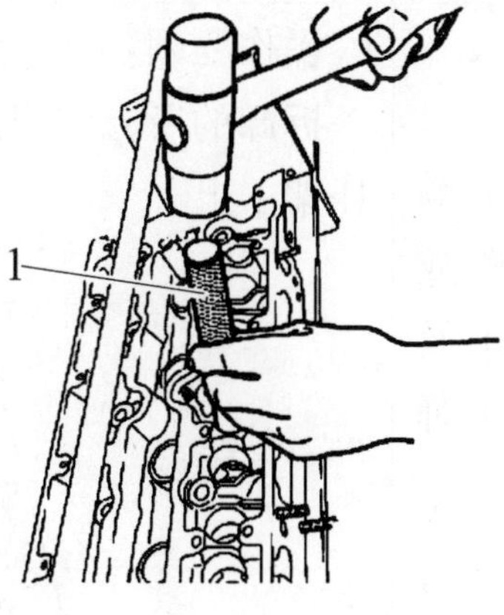

续上表

操作步骤	过程	技术规范与操作要领
拆卸气门	拆卸气门及气门弹簧	(2)将压缩工具1与杠杆一同向下推,直到气门弹簧松开,拆下气门锁片; 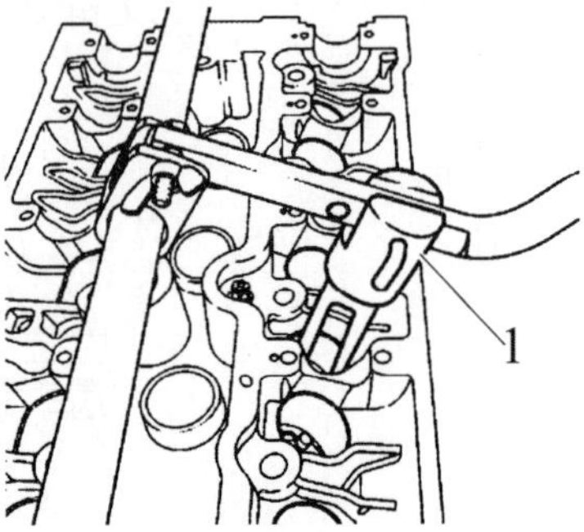 (3)拆下上气门弹簧盖和气门弹簧,并将它们放置在EN-849装配托架上;用EN-840拆卸工具1松开气门杆密封件,并从气门导管上拆下; 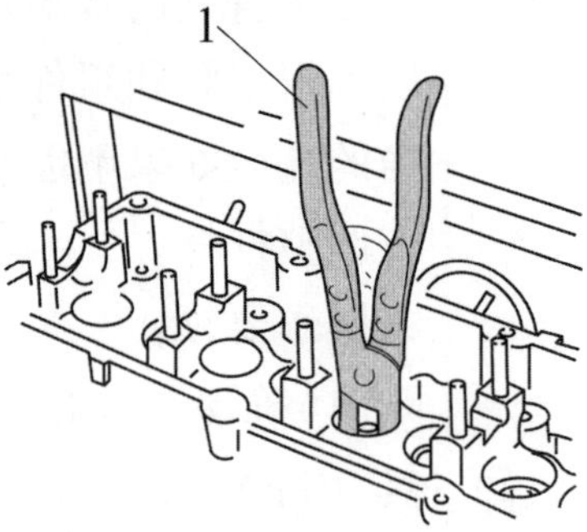 (4)拆下杠杆工具,转动汽缸盖底板,拆下木板EN-6215安装设备和反向固定工具。
	按顺序摆放气门及气门弹簧	操作要领: 拆卸的所有气门及气门弹簧按顺序放在EN-849装配托架1上 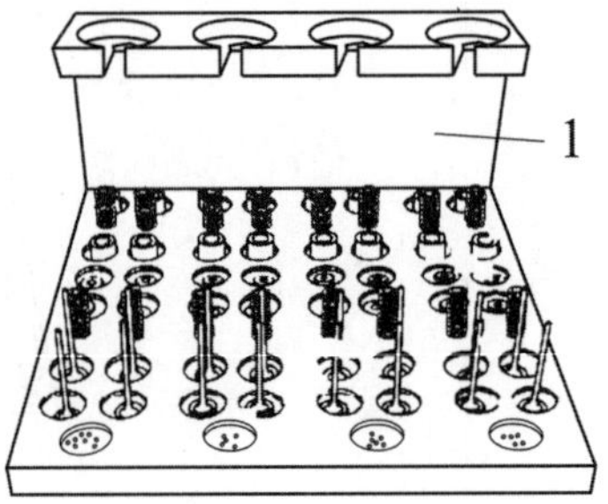

续上表

操作步骤	过程	技术规范与操作要领
安装气门及气门弹簧	放入气门并安装弹簧和弹簧座	技术规范： 按照顺序将气门安装到原拆卸位置。 操作要领： 将所有气门导管和气门涂上机油，并按顺序将它们安装到汽缸盖中
	上紧气门弹簧压缩器，安装气门锁片	操作要领： (1)安装反向固定工具 EN-6167-1 固定工具 1，用安全锁销上紧 EN-6215-3 锁销 3，拧紧紧固螺钉 2，再次转动汽缸盖底板； (2)用适当的工具小心安装气门杆密封件； (3)按顺序将气门弹簧和气门座圈安装到汽缸盖中，在推力块顶部找到各自的尺寸(注意：确定装配头和推力块被牢固地固定在一起，未能固定装配头和推力块可能会妨碍气门杆锁片的安装并导致推力块损坏)； (4)向下推固定箱 1 并将气门楔块安装在装配头中，向上推固定箱，通过此程序固定气门楔块；

续上表

操作步骤	过　程	技术规范与操作要领
安装气门及气门弹簧	上紧气门弹簧压缩器,安装气门锁片	(5)将装配头安装到杠杆 EN-6086 杠杆上,调整杠杆工具,直到装配头被垂直定位在气门上面,并用微小的压力小心并缓慢地按压带杠杆工具的装配头,直到气门楔块可听见地接合到气门杆中
	拆卸专用工具	操作要领: (1)安装好所有气门及气门弹簧后,拆下杠杆工具 1 并从侧门提起; (2)拆下反向固定工具; (3)从装配夹具上拆下汽缸盖; (4)彻底清洁汽缸盖

(二)气门组的检测

1　准备工作

(1)科鲁兹轿车 LDE 发动机汽缸盖总成。

(2)维修手册。

(3)常用拆装工具。

(4)测量工具:钢直尺、游标卡尺、千分尺、红印油、毛刷。

学习任务三　发动机配气机构的检测与维修

❷ **操作步骤与技术规范**

操作步骤与技术规范见表3-2。

操作步骤与技术规范　　　　　　　　　　　表3-2

操作步骤	过　程	技术规范与操作要领
检查气门外观	检查气门头到气门杆的状况	技术规范： 检查气门头到气门杆是否有以下状况： (1)1-气门座部位点蚀； (2)2-气门余量厚度不够； (3)3-气门杆弯曲； (4)4-气门杆点蚀或严重磨损； (5)5-气门锁片槽磨损； (6)6-气门杆顶端磨损
测量气门座宽度	清洁并校游标卡尺零标卡尺	技术规范： (1)进气门座宽度：1.000~1.400mm； 　　排气门座宽度：1.400~1.800mm。 (2)测量位置如下图所示
	测量气门座宽度	

续上表

操作步骤	过程	技术规范与操作要领
测量气门对气门座的同心度	测量气门对气门座的同心度	技术规范： (1)由于气门锥面 1 和气门杆 2 同心,测量后整个锥面 1 染色剂印痕应是连续的; (2)染料磨去印痕至少要距离气门外径(余量)0.5mm。 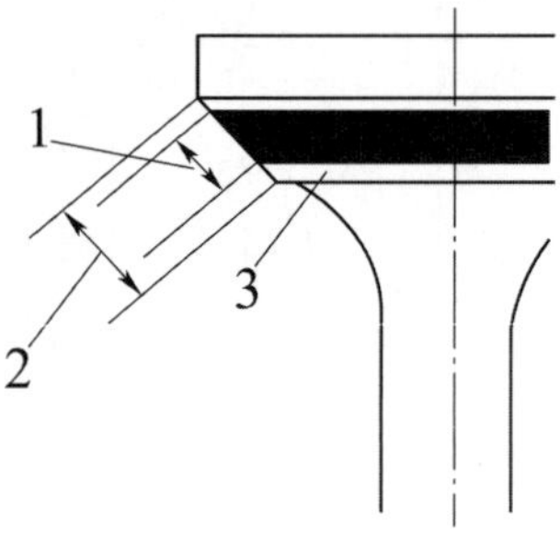 操作要领： (1)将染色剂轻轻涂于气门锥面上; (2)将气门安装到汽缸盖上; (3)用足够的压力抵着气门座转动气门,以磨去染料; (4)将气门从汽缸盖上拆下; (5)检查气门锥面是否符合技术规范
测量气门杆直径	清洁并校零千分尺 测量气门杆的直径	技术规范： (1)气门杆标准直径： 进气门：4.965～4.980mm; 排气门：4.950～4.965mm。 (2)测量位置如下图所示 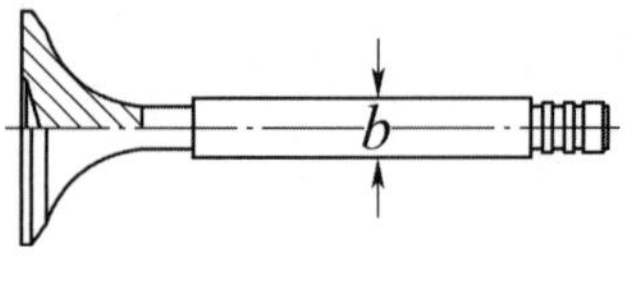

学习任务三　发动机配气机构的检测与维修

续上表

操作步骤	过程	技术规范与操作要领
测量气门头部直径	清洁并校零千分尺	技术规范： (1)气门头标准直径： 进气门：31.100~31.300mm； 排气门：27.400~27.600mm。 (2)测量位置如下图所示
	测量气门头部的直径	
测量气门长度	清洁并校零游标卡尺	技术规范： (1)气门标准长度： 进气门：117.000~117.400mm； 排气门：116.160~116.360mm。 (2)测量位置如下图所示
	测量气门的长度	

(三)凸轮轴位置执行器调节器及凸轮轴的拆装

❶ 准备工作

(1)科鲁兹轿车 LDE 发动机。

(2)维修手册。

(3)常用拆装工具。

(4)专用工具：EN-6628-A 锁止工具、EN-6340 锁止工具、EN-845 专用工具、薄截面开口扳手。

❷ 操作步骤与技术规范

操作步骤与技术规范见表3-3。

操作步骤与技术规范　　　　　　　　　表3-3

操作步骤	过程	技术规范与操作要领
拆卸凸轮轴执行器调节器	安装专用锁止工具	操作要领： (1)转动凸轮轴六角头处，直至凸轮轴末端的凹槽处于水平位置； (2)安装 EN-6628-A 锁止工具1
	拆卸凸轮轴执行器调节器	技术规范： (1)拆卸凸轮轴位置执行器调节器及其密封螺栓时，需要两个人配合完成； (2)拆卸时机油可能会溢出，需要利用抹布或纸等将机油从所有正时部件上清除。 操作要领： (1)使用适当的薄截面开口扳手1反向抵住凸轮轴六角头2；

续上表

操作步骤	过程	技术规范与操作要领
拆卸凸轮轴执行器调节器	拆卸凸轮轴执行器调节器	(2)拆下进排气侧凸轮轴位置执行器和凸轮轴位置执行器调节器的封闭螺栓1; (3)继续使用适当的薄截面开口扳手抵住凸轮轴六角头,拆下并废弃进排气侧凸轮轴位置执行器调节器螺栓2; (4)拆下进排气侧凸轮轴位置执行器调节器3 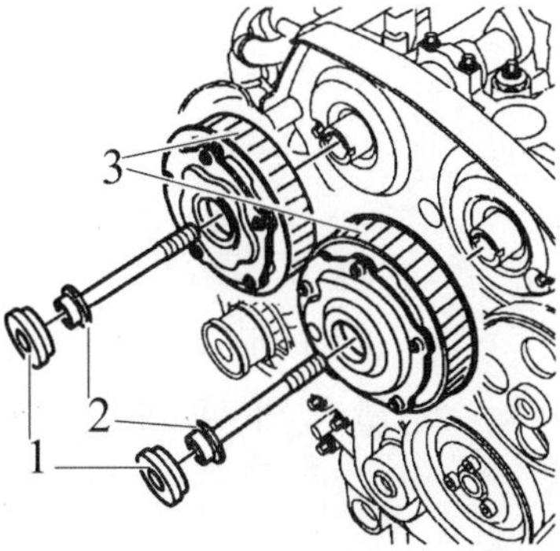
	拆卸正时齿形带后盖	操作要领: 拆下并废弃4个正时齿形带后盖螺栓2,拆下正时齿形带后盖1 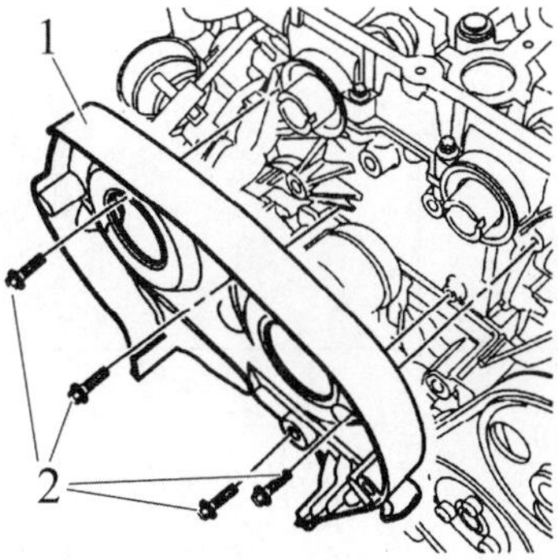
拆卸凸轮轴	拆卸第一凸轮轴轴承盖	操作要领: 按照①→②→③→④的拆卸顺序拆下4个凸轮轴轴承盖螺栓,拆下第一道凸轮轴轴承盖1。 注意:用一把塑料锤子轻轻敲打以松开轴承架

续上表

操作步骤	过程	技术规范与操作要领
拆卸凸轮轴	拆卸第一凸轮轴轴承盖	
	拆卸排气侧凸轮轴	操作要领： (1)拆卸前标记凸轮轴轴承盖,然后以1/2~1转的增量从外到内螺旋松开8个排气凸轮轴轴承盖螺栓并拆下； (2)从汽缸盖拆下4个排气侧凸轮轴轴承盖⑥~⑨； (3)拆下排气凸轮轴1 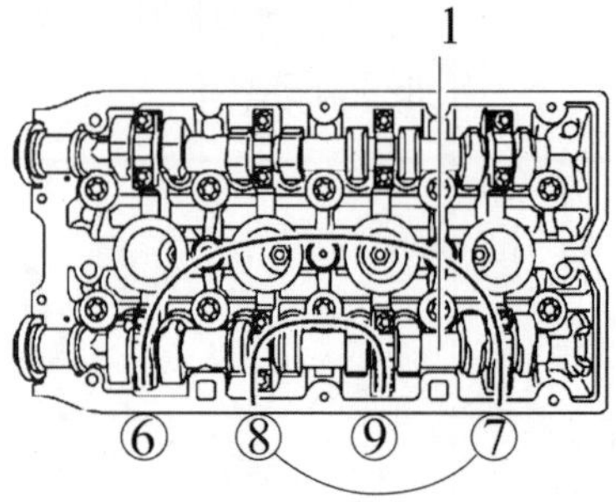
	拆卸进气侧凸轮轴	操作要领： (1)拆卸前标记凸轮轴轴承盖,然后以1/2~1转的增量从外到内螺旋松开8个进气凸轮轴轴承盖螺栓并拆下； (2)从汽缸盖拆下4个进气侧凸轮轴轴承盖②~⑤； (3)拆下进气凸轮轴1

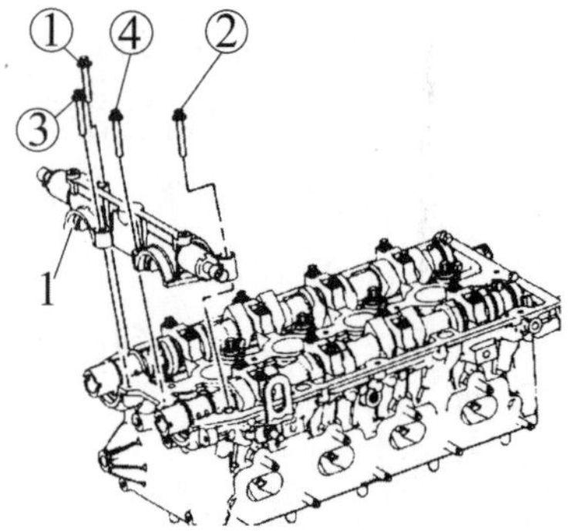

续上表

操作步骤	过　程	技术规范与操作要领
拆卸凸轮轴	拆卸进气侧凸轮轴	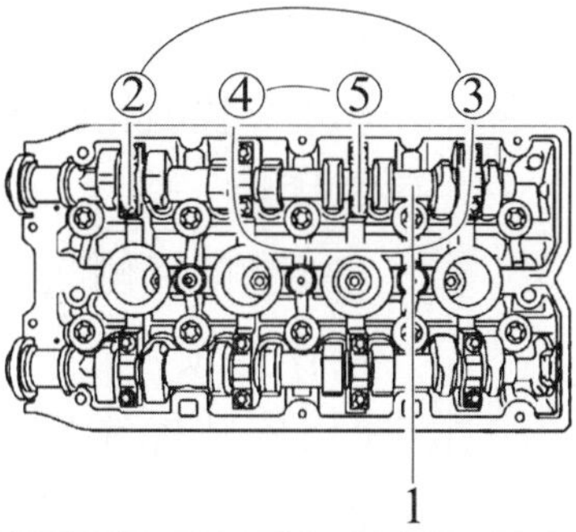
	拆卸气门挺柱	技术规范： 拆卸的气门挺柱须按顺序整齐放置。 操作要领： 使用 EN-845 吸油设备拆下 16 个气门挺柱 1，并按顺序摆放 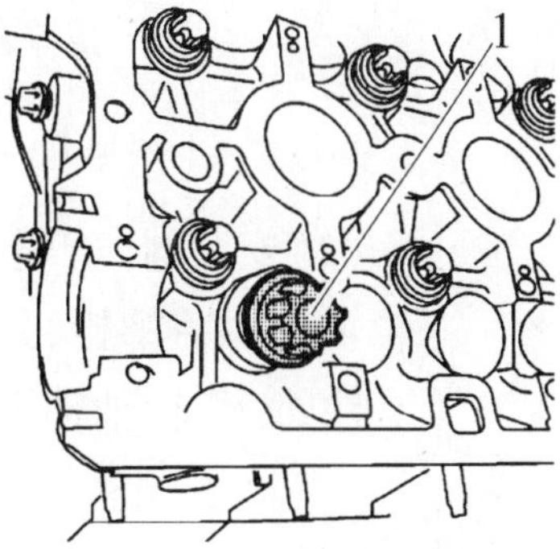
安装凸轮轴	安装气门挺柱	操作要领： 将气门挺柱滑动面涂抹新机油，按照正确的分配位置安装气门挺柱 1 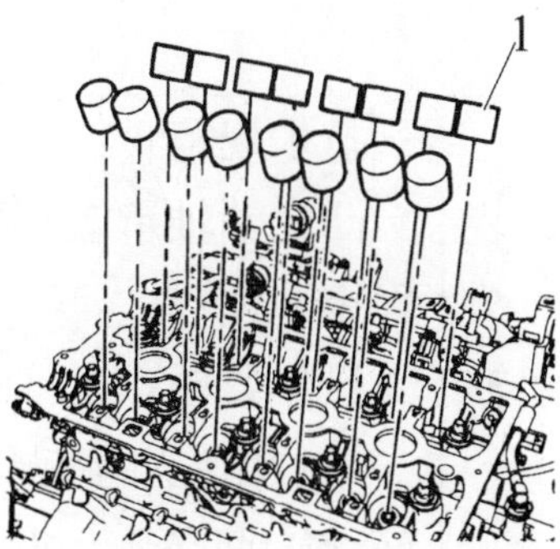

续上表

操作步骤	过程	技术规范与操作要领
安装凸轮轴	安装凸轮轴及轴承盖	技术规范： (1)安装凸轮轴轴承盖螺栓时需要按照手册要求的顺序紧固； (2)进排气侧凸轮轴轴承盖螺栓扭矩：8N·m。 操作要领： (1)安装进气凸轮轴。按照①~④的顺序安装进气凸轮轴轴承盖螺栓，并按规定扭矩紧固。 注意：凸轮轴轴承盖上的识别标记。 (2)安装排气凸轮轴。按照①~④的顺序安装排气凸轮轴轴承盖螺栓，并按规定扭矩紧固。 注意：凸轮轴轴承盖上的识别标记
	安装第一凸轮轴轴承架	技术规范： 凸轮轴轴承盖螺栓：第一遍紧固至2N·m；第二遍紧固至8N·m。 操作要领： (1)用适当的工具清洁第一凸轮轴轴承架和汽缸盖的密封面，密封面必须无机油和润滑油，清除油管中的残余密封胶；

续上表

操作步骤	过程	技术规范与操作要领
安装凸轮轴	安装第一凸轮轴轴承架	(2)给第一凸轮轴轴承盖1的密封面轻薄均匀地涂抹表面密封剂; 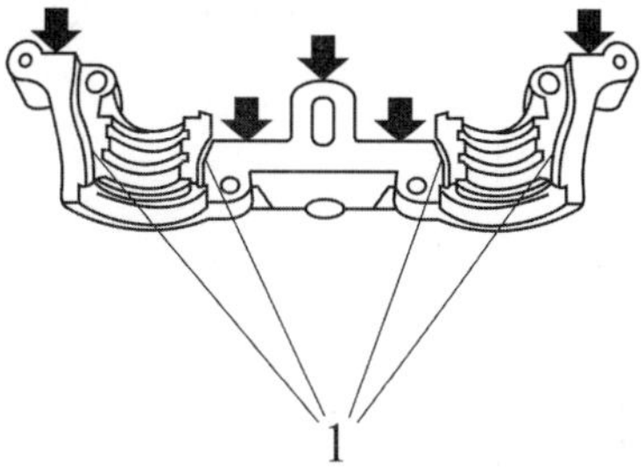 (3)将第一个凸轮轴轴承盖1定位到汽缸体上,注意螺栓安装顺序; (4)安装第一凸轮轴轴承盖螺栓并分两次规定扭矩紧固 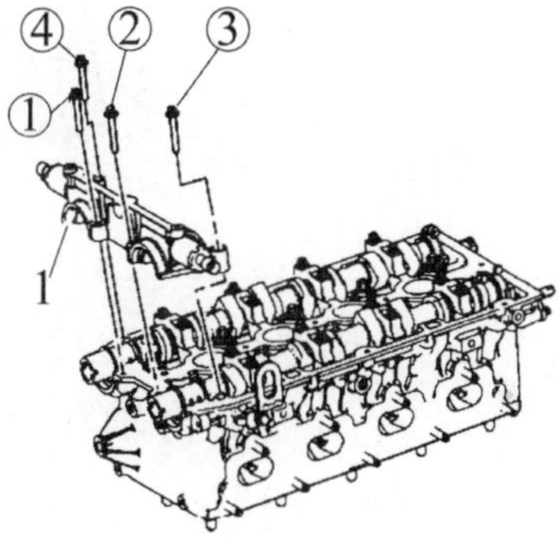
安装凸轮轴执行器调节器	安装正时齿形带后盖	技术规范: 正时齿形带后盖螺栓:6N·m。 操作要领: 安装正时齿形带后盖1及其4颗螺栓2,并紧固至规定力矩 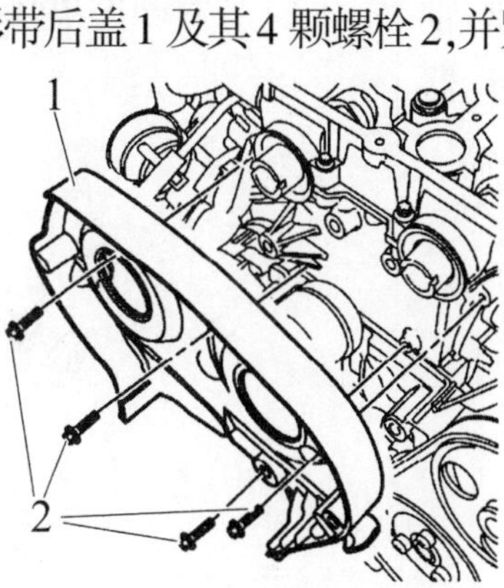

续上表

操作步骤	过程	技术规范与操作要领
安装凸轮轴执行器调节器	安装锁止工具	操作要领： (1) 用箭头所指的六角水平对准凸轮轴，直至 EN-6628-A 锁止工具可以插入两个凸轮轴内；  (2) 安装 EN-6628-A 锁止工具 1 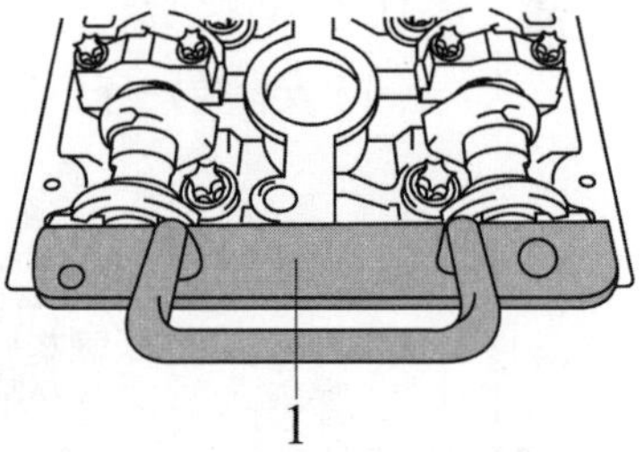
	安装凸轮轴执行器调节器	技术规范： (1) 凸轮轴位置执行器调节器螺栓：50N·m + 150° + 15°； (2) 凸轮轴位置执行器调节器封闭螺塞：30N·m。 操作要领： (1) 安装进排气侧凸轮轴位置执行器调节器 1； (2) 安装新的进排气侧凸轮轴位置执行器调节器螺栓 2； 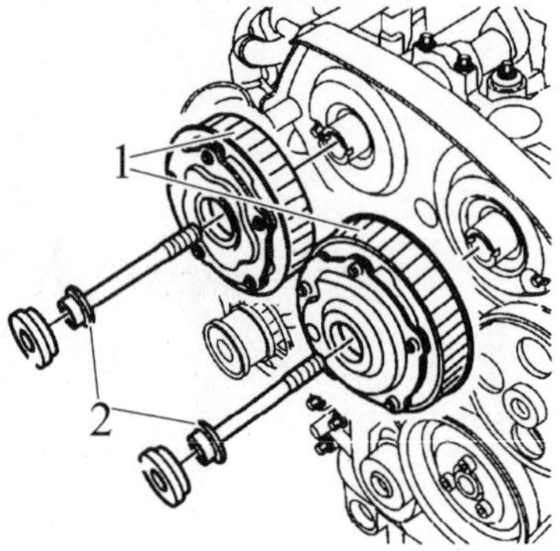

续上表

操作步骤	过程	技术规范与操作要领
安装凸轮轴执行器调节器	安装凸轮轴执行器调节器	（3）将 EN-6340 锁止工具－左侧 1 安装到凸轮轴位置执行器调节器中，注意在此过程中，进气凸轮轴位置执行器调节器上的点标记 4 与左侧锁止工具的凹槽不一致，而是必须略高于凹槽； （4）将 EN-6340 锁止工具-右侧 2 安装到凸轮轴位置执行器调节器中，注意在此过程中，排气凸轮轴位置执行器调节器上的点标记 4 与右侧锁止工具的凹槽必须一致； （5）使用适当的薄截面开口扳手抵住凸轮轴六角头（注：EN-6628-A 锁止工具的用途是调整凸轮轴，以防止凸轮轴错位，在螺栓扭矩法拧紧程序中，需要用扳手抵住凸轮轴）； （6）分三次紧固凸轮轴位置执行器调节器螺栓； （7）安装 2 个凸轮轴位置执行器调节器密封螺塞，并按技术规范紧固

（四）凸轮轴的检测

❶ 准备工作

（1）科鲁兹轿车 LDE 发动机。

（2）维修手册。

（3）常用拆装工具。

（4）量具：百分表、磁性表座、千分尺。

❷ 操作步骤与技术规范

操作步骤与技术规范见表3-4。

操作步骤与技术规范　　　　　　　　表 3-4

操作步骤	过程	技术规范与操作要领
清洁、检查凸轮轴外观	清洁凸轮轴轴颈、轴承和轴承盖	技术规范： 每个轴颈和轴承应无麻点和划痕，否则应更换凸轮轴或视情修理
	检查轴颈和轴承有无麻点和划痕	
检查凸轮轴弯曲度	测量准备	操作要领： (1) 将凸轮轴水平放置平台上，并用 V 形块支承，确保其在 V 形块上水平放置，两端不能高低不平，否则会影响测量结果； (2) 检查百分表及支架并组装，百分表的调整螺母必须锁紧，否则会因为百分表松动影响到测量结果； (3) 调整百分表，使百分表头贴近凸轮轴主轴颈，并对百分表预压 1mm；若不进行百分表预压，也会引起测量结果失准； (4) 转动百分表刻度盘，使其大指针对准"0"刻度
	检查凸轮轴弯曲度	技术规范： 最大圆跳动量：0.02 mm。 操作要领： (1) 双手慢慢转动凸轮轴，仔细观察百分表所测出凸轮轴的圆跳动量； (2) 眼睛必须与百分表平视

续上表

操作步骤	过程	技术规范与操作要领
检查凸轮轴弯曲度	检查凸轮轴弯曲度	
测量凸轮轴轴颈直径	测量准备	操作要领： (1)清洁被测对象； (2)选择合适量程的千分尺,清洁并校零
	测量凸轮轴轴颈直径	技术规范： 第一道轴颈：34.453～34.465mm； 其他轴颈：22.949～22.965mm。 操作要领： 每道凸轮轴轴颈测量两个截面,每个截面测量两个垂直方向的直径尺寸。
测量凸轮轴磨损情况(凸轮桃尖高度)	测量准备	操作要领： (1)清洁被测对象； (2)选择合适量程的千分尺,清洁并校零
	测量凸轮轴凸轮桃尖高度	技术规范： 进气凸轮轴：44.45～44.55mm； 排气凸轮轴：43.73～43.83mm。

续上表

操作步骤	过程	技术规范与操作要领
测量凸轮轴磨损情况(凸轮桃尖高度)	测量凸轮轴桃尖高度	操作要领： 每个凸轮轴桃尖测量两个截面的高度值

(五)气门间隙的检查与调整

❶ 准备工作

(1)科鲁兹 LDE 发动机。

(2)维修手册。

(3)常用拆装工具。

(4)量具：塞尺。

❷ 操作步骤与技术规范(表3-5)

操作步骤与技术规范　　　　　表3-5

操作步骤	过程	技术规范与操作要领
测量气门间隙	调整初始检测位置	操作要领： (1)旋转曲轴扭转减振器紧固螺栓，直到标记1与汽缸1在上止点处对齐；

续上表

操作步骤	过程	技术规范与操作要领
测量气门间隙	调整初始检测位置	(2)汽缸2进气侧凸轮1和三缸排气侧凸轮2位于顶部且略微向内倾斜相同角度
	测量2缸进气侧和3缸排气侧气门间隙	技术规范： 气门间隙： 进气门0.21~0.29mm(标称值0.25mm)； 排气门0.27~0.35mm(标称值0.30mm)。 操作要领： 使用EN-6361塞尺1检查气门间隙是否为规定间隙，记下结果
	测量1缸进气侧和4缸排气侧气门间隙	技术规范： 气门间隙： 进气门0.21~0.29mm(标称值0.25mm)； 排气门0.27~0.35mm(标称值0.30mm)。

续上表

操作步骤	过程	技术规范与操作要领
测量气门间隙	测量1缸进气侧和4缸排气侧气门间隙	操作要领： (1)通过曲轴扭转减振器螺栓将曲轴沿发动机旋转方向转动180°； (2)一缸进气侧凸轮1和四缸排气侧凸轮2以一定角度指向上方； (3)使用 EN-6361 塞尺检查气门间隙，记下结果
	测量3缸进气侧和2缸排气侧气门间隙	技术规范： 气门间隙： 进气门 0.21~0.29mm（标称值 0.25mm）； 排气门 0.27~0.35mm（标称值 0.30mm）。 操作要领： (1)通过曲轴扭转减振器螺栓将曲轴沿发动机旋转方向转动180°； (2)三缸进气侧凸轮1和二缸排气侧凸轮2以一定角度指向上方； (3)使用 EN-6361 塞尺检查气门间隙，记下结果

续上表

操作步骤	过 程	技术规范与操作要领
测量气门间隙	测量4缸进气侧和1缸排气侧气门间隙	技术规范： 气门间隙： 进气门 0.21～0.29mm(标称值0.25mm)； 排气门 0.27～0.35mm(标称值0.30mm)。 操作要领： (1)通过曲轴扭转减振器螺栓将曲轴沿发动机旋转方向转动180°； (2)四缸进气侧凸轮1和一缸排气侧凸轮2以一定角度指向上方； (3)使用 EN-6361 塞尺检查气门间隙，记下结果
选配新挺柱	计算新挺柱厚度并选配	技术规范： 液压挺柱零件号选配表见表3-6。 操作要领： (1)根据作业表提供的实际厚度值计算新挺柱厚度： 新挺柱厚度＝测量气门间隙值＋实际厚度值－标准气门间隙； (2)根据所计算的新挺柱厚度，查询液压挺柱零件号选配表，选择合适的配件号

续上表

操作步骤	过程	技术规范与操作要领
选配新挺柱	计算新挺柱厚度并选配	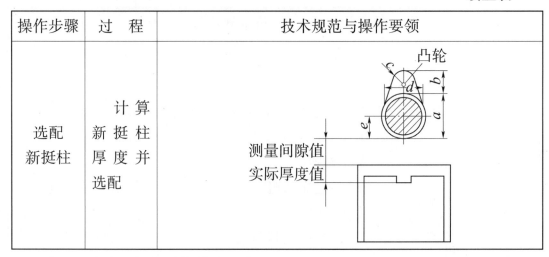

表3-6为液压挺柱零件号选配表。

液压挺柱零件号选配表   表3-6

尺　寸	配　件　号
气门挺柱(标记号:08,尺寸:3.070—3.090)	24438041
气门挺柱(标记号:12,尺寸:3.110—3.130)	24438146
气门挺柱(标记号:14,尺寸:3.130—3.150)	24438147
气门挺柱(标记号:16,尺寸:3.150—3.170)	24438148
气门挺柱(标记号:20,尺寸:3.190—3.210)	24438150
气门挺柱(标记号:04,尺寸:3.030—3.050)	24465260
气门挺柱(标记号:24X,尺寸:3.230—3.244)	55353764
气门挺柱(标记号:27X,尺寸:3.258—3.272)	55353766
气门挺柱(标记号:30X,尺寸:3.286—3.300)	55353768
气门挺柱(标记号:32X,尺寸:3.314—3.328)	55353770
气门挺柱(标记号:35X,尺寸:3.342—3.356)	55353772
气门挺柱(标记号:38X,尺寸:3.370—3.384)	55353774
气门挺柱(标记号:41X,尺寸:3.398—3.412)	55353776
气门挺柱(标记号:43X,尺寸:3.426—3.440)	55353778

续上表

尺　　寸	配件号
气门挺柱(标记号:47,尺寸:3.460—3.480)	55353780
气门挺柱(标记号:51,尺寸:3.500—3.520)	55353782
气门挺柱(标记号:55,尺寸:3.540—3.560)	55353784
气门挺柱(标记号:59,尺寸:3.580—3.600)	55353786

三　学习拓展

1 气门响的故障分析

(1)故障特征。

音频特征:发动机怠速运转时发出连续不断而且有节奏的"嗒、嗒、嗒"(在气门脚处)或"啪、啪、啪"(在气门座处)的敲击声。

转速特征:响声在发动机任何转速下均能听到,并随转速而变化。怠速时响声最明显,高速则声音杂乱,随负荷增加而增大;"断火"对响声无影响。

温度特征:一般与温度无关,有些车辆热车后响声自动消失。

(2)原因分析。

气门响原因分析见表3-7。

气门响原因分析　　　　　　表3-7

现象	类别	原　　因
气门响	气门脚响	气门间隙太大
		凸轮磨损过量,运转中挺柱产生跳动
		气门脚处润滑不良
	气门落座响	气门柱与导管配合间隙太大
		气门头部与其座圈接触不良
		气门座圈松动

(3)诊断与排除。

气门异响故障的诊断与排除流程如图3-18所示。

2 气门漏气的故障分析

(1)故障特征。

气门漏气是指气门与气门座工作面密封不良,产生气体渗漏,导致汽缸压力下降的现象。发生该故障时,发动机会出现起动困难、进气管回火、排气管"放炮"、冒烟、燃油消耗增加以及出现异响等现象。大负荷时在机体中部有较轻微的"吃吃"声,加机油口处与响声对应出现冒烟。

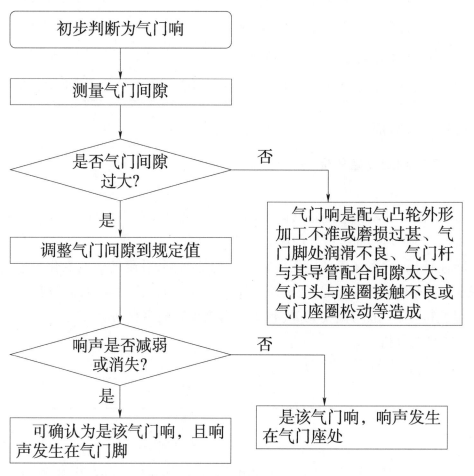

图 3-18　气门异响故障的诊断与排除流程

(2) 原因分析。

①气门与气门座工作面磨损、烧蚀、密封不良而漏气。

②气门与气门座工作面有积炭,气门关闭不严而漏气。

③气门与气门导管间隙过大,气门柱晃动,导致气门关闭不严而漏气。

④气门杆在气门导管内发涩或卡住,气门不能上下移动。

⑤气门弹簧失去弹性,或弹簧折断。

(3) 诊断与排除。

在排除点火系、燃料系故障原因后,尚不能确定故障时,测量汽缸压力或测量进气歧管的真空度,可以比较准确地确定该故障;测量汽缸压力时,气门漏气的汽缸压力较其他汽缸低。拆卸缸盖,对气门组零件进行修理,修磨或更换损坏的气门等零件。

❸ 液力挺柱故障的故障分析

(1)故障特征。

发动机发生类似普通机械气门脚响的现象。

(2)原因分析。

①发动机机油油面过高或过低,导致有气泡的机油进到液压挺柱中,形成弹性体而产生噪声。

②机抽压力过低。

③机油泵、集滤器损坏或破裂,使空气吸到机油中。

④液力挺柱失效。

⑤使用质量低劣的机油。

(3)诊断与排除。

改变发动机转速并用听诊器察听响声的变化。急速时发动机顶部响声明显,中速以上响声减弱或消失,断火试验响声无变化,即为液压挺柱响。具体部位可用听诊器根据响声变化来判断。在起动时液压挺柱有不大的响声是正常的(润滑油未充分进入液压挺柱),发动机转速达到 2500r/min 后继续运转 2min,若挺柱仍有响声,应先检查调整机油压力。若机油压力正常,则应更换液压挺柱。

❹ 正时齿轮(齿形带)响的故障分析

(1)故障特征。

①音频特征:声响比较复杂,有因干摩擦导致的"叽叽"声,又有间隙过大的"哗哗"声,有时有节奏,有时无节奏,有时间歇响,有时又是连续响。

②转速特征:发动机怠速运转或转速有变化,中速以下较明显,在正时齿轮室盖处发出杂乱而轻微的噪声;转速提高后噪声消失;急减速时,此噪声随之出现。

③温度特征:有的声响受温度影响,温度降低时无噪声,温度正常后才出现噪声。

④振动特征:有的声响伴随正时齿轮室盖振动,有的声响不伴随振动。

(2)原因分析。

正时齿轮(齿形带)响原因分析见表3-8。

正时齿轮(齿形带)响原因分析　　　　　表3-8

现象	类别	原　　因
正时齿轮（齿形带）响	正时齿轮响	正时齿轮松动
		正时齿轮轮齿折断、破裂
		曲轴与凸轮轴中心线不平行
		正时齿轮啮合间隙过大或过小
	正时齿形带响	正时齿形带过松
		正时齿形带沾有油污
		正时齿形带磨损损坏

(3)诊断与排除。

如果发动机冷车时响声较大,而温度升高后响声逐渐消失,则是温度太低造成的,可继续运行。如发动机热车后响声仍存在,对正时机构做进一步的拆检。

四　评价与反馈

1 自我评价

(1)通过本学习任务的学习你是否已经知道以下知识:

①请简述配气机构的功用与组成。

_____。

②配气机构的主要布置形式有哪些?

_____。

③请简述配气机构的工作过程。

_____。

(2)配气机构的检查项目有哪些?用到了哪些量具?

_____。

(3)实训过程完成情况如何?

□独立完成;　　□合作完成;　　□部分完成;　　□未完成。

(4)通过本学习任务的学习,你认为自己的知识和技能还有哪些欠缺?

_____。

签名:_____　　_____年___月___日

2 小组评价

小组评价表见表3-9。

小 组 评 价 表 表 3-9

序号	评价项目	评价情况
1	着装是否符合要求	
2	是否能合理规范地使用仪器和设备	
3	是否按照安全和规范的流程操作	
4	是否遵守学习、实训场地的规章制度	
5	是否能保持学习、实训场地整洁	
6	团结协作情况	

参与评价的同学签名：_____　　　　　　　_____年___月___日

教师评价

_____
_____。

教师签名：_____　　　　　　　_____年___月___日

五 技能考核标准

1 气门组拆装技能考核标准

气门组拆装技能考核表见表 3-10。

气门组拆装技能考核表　表 3-10

序号	项目	操作内容	规定分	评分标准	得分
1	拆卸气门挺柱	拆卸气门挺柱	15 分	（1）拆卸气门挺柱未按装配位置摆放，扣5分； （2）用钳子取下气门挺柱，扣10 分	
2	拆卸气门	安装气门拆卸专用工具	15 分	（1）专用工具安装不正确，扣5 分； （2）未清除火花塞螺纹上的燃烧残留物，扣5 分； （3）安装反向固定工具，不正确扣5 分	

续上表

序号	项目	操作内容	规定分	评分标准	得分
2	拆卸气门	拆卸气门及气门弹簧	20分	（1）专用工具使用不正确，扣5分； （2）操作方法不正确，扣10分； （3）未按装配位置摆放，扣5分	
3	安装气门及气门弹簧	放入气门并安装弹簧和弹簧座	20分	（1）未按照顺序将气门安装到原拆卸位置，扣10分； （2）所有气门导管和气门，没有涂上机油，扣10分	
		上紧气门弹簧压缩器，安装气门锁片	20分	（1）专用工具使用不正确，扣10分； （2）操作方法不正确，扣10分	
4	安全文明生产	安全放置、固定被检配件； 检测工具、设备使用方法、步骤符合安全要求； 操作过程必备安全防护用品佩戴齐全； 现场整洁	10分	（1）不安全放置的，扣2分； （2）工具、设备使用方法不安全的，扣3分； （3）防护用品佩戴不齐全的，扣3分； （4）现场不整洁，扣2分	
		安全用电、防火，无人身、设备故障		因违规操作发生重大人身和设备事故，此题按0分记	
	分数合计		100分	最终得分	

❷ 气门组测量技能考核标准

气门组测量技能考核表见表3-11。

气门组测量技能考核表　　　　　　表 3-11

序号	项目	操 作 内 容	规定分	评 分 标 准	得分
1	检查气门外观	检查气门头到气门杆的状况	10 分	检查气门头到气门杆的状况,方法不正确,扣 10 分	
2	测量气门座宽度	测量气门座宽度	15 分	(1)未清洁并校零游标卡尺,扣 5 分; (2)测量数据不正确,扣 5 分; (3)判定结果不正确,扣 5 分	
3	测量气门对气门座的同心度	测量气门对气门座的同心度	10 分	(1)方法不正确,扣 5 分; (2)判定结果不正确,扣 5 分	
4	测量气门杆直径	测量气门杆直径	20 分	未清洁并校零游标卡尺,扣 5 分 (1)测量数据不正确,扣 10 分; (2)判定结果不正确,扣 5 分	
5	测量气门头部直径	测量气门头部直径	20 分	(1)未清洁并校零千分尺,扣 5 分; (2)测量数据不正确,扣 10 分; (3)判定结果不正确,扣 5 分	

续上表

序号	项目	操作内容	规定分	评分标准	得分
6	测量气门长度	测量气门长度	15分	(1)未清洁并校零游标卡尺,扣5分; (2)测量数据不正确,扣5分; (3)判定结果不正确,扣5分	
7	安全文明生产	安全放置、固定被检配件; 检测工具、设备使用方法、步骤符合安全要求; 操作过程必备安全防护用品佩戴齐全; 现场整洁	10分	(1)不安全放置的,扣2分; (2)工具、设备使用方法不安全的,扣3分; (3)防护用品佩戴不齐全的,扣3分; (4)现场不整洁,扣2分	
		安全用电,防火,无人身、设备故障		因违规操作发生重大人身和设备事故,此题按0分记	
		分数合计	100分	最终得分	

❸ 凸轮轴位置执行器调节器及凸轮轴的拆装技能考核标准

凸轮轴位置执行器调节器及凸轮轴的拆装技能考核表见表3-12。

凸轮轴位置执行器调节器及凸轮轴的拆装技能考核表 表3-12

序号	项目	操作内容	规定分	评分标准	得分
1	拆卸凸轮轴执行器调节器	安装专用锁止工具	5分	方法不正确,扣5分	
		拆卸凸轮轴执行器调节器	5分	方法不正确,扣5分	
		拆卸正时传动带后盖	5分	方法不正确,扣5分	

续上表

序号	项目	操作内容	规定分	评分标准	得分
2	拆卸凸轮轴	拆卸第一凸轮轴轴承盖	5分	方法不正确,扣5分	
		拆卸排气侧凸轮轴	5分	方法不正确,扣5分	
		拆卸进气侧凸轮轴	5分	方法不正确,扣5分	
		拆卸气门挺柱	5分	方法不正确,扣5分	
3	安装凸轮轴	安装气门挺柱	5分	方法不正确,扣5分	
		安装凸轮轴及轴承盖	15分	(1)方法不正确,扣5分; (2)未涂抹机油,扣5分; (3)未紧固至规定扭矩,扣5分	
		安装第一凸轮轴轴承架	10分	(1)方法不正确,扣5分; (2)未紧固至规定扭矩,扣5分	
4	安装凸轮轴执行器调节器	安装正时传动带后盖	10分	(1)方法不正确,扣5分; (2)未紧固至规定扭矩,扣5分	
		安装锁止工具	5分	方法不正确,扣5分	
		安装凸轮轴执行器调节器	10分	(1)方法不正确,扣5分; (2)未紧固至规定扭矩,扣5分	
5	安全文明生产	安全放置、固定被检配件; 检测工具、设备使用方法、步骤符合安全要求; 操作过程必备安全防护用品佩戴齐全; 现场整洁	10分	(1)不安全放置的,扣2分; (2)工具、设备使用方法不安全的,扣3分; (3)防护用品佩戴不齐全的,扣3分; (4)现场不整洁,扣2分	

续上表

序号	项目	操 作 内 容	规定分	评 分 标 准	得分
5	安全文明生产	安全用电,防火,无人身、设备故障	10 分	因违规操作发生重大人身和设备事故,此题按 0 分记	
		分数合计	100 分	最终得分	

❹ 凸轮轴的检测技能考核标准

凸轮轴的检测技能考核表见表 3-13。

凸轮轴的检测技能考核表 表 3-13

序号	项目	操 作 内 容	规定分	评 分 标 准	得分
1	清洁、检查凸轮轴外观	检查轴颈和轴承有无麻点和划痕	20 分	(1)未清洁凸轮轴轴颈、轴承和轴承盖,扣 10 分; (2)检查方法不正确,扣 10 分	
2	检查凸轮轴弯曲度	检查凸轮轴弯曲度	30 分	(1)清洁、组装百分表测量头并调零,方法不正确扣 10 分; (2)测量数据不正确,扣 10 分; (3)判定结果不正确,扣 10 分	
3	检查凸轮轴轴颈	检查凸轮轴轴颈	20 分	(1)未清洁被测表面,扣 5 分; (2)未对量具进行清洁校零,扣 5 分; (3)测量位置或测量方法错误,扣 5 分; (4)读取方法或读数错误,扣 5 分	

续上表

序号	项目	操作内容	规定分	评分标准	得分
4	检查凸轮轴磨损状况	检查凸轮轴磨损状况	20分	（1）未清洁被测表面，扣5分； （2）未对量具进行清洁校零，扣5分； （3）测量位置或测量方法错误，扣5分； （4）读取方法或读数错误，扣5分	
5	安全文明生产	安全放置、固定被检配件； 检测工具、设备使用方法、步骤符合安全要求； 操作过程必备安全防护用品佩戴齐全； 现场整洁	10分	（1）不安全放置的，扣2分； （2）工具、设备使用方法不安全的，扣3分； （3）防护用品佩戴不齐全的，扣3分； （4）现场不整洁，扣2分	
		安全用电，防火，无人身、设备故障		因违规操作发生重大人身和设备事故，此题按0分记	
	分数合计		100分	最终得分	

5 气门间隙检查调整技能考核标准

气门间隙检查调整技能考核表见表3-14。

气门间隙检查调整技能考核表　　　　表3-14

序号	项目	操作内容	规定分	评分标准	得分
1	测量气门间隙	调整初始检测位置	10分	旋转曲轴扭转减振器紧固螺栓，1缸上止点对齐错误，扣10分	

续上表

序号	项目	操作内容	规定分	评分标准	得分
1	测量气门间隙	测量2缸进气侧和3缸排气侧气门间隙	15分	(1)测量方法不正确,扣5分; (2)测量数据不正确,扣10分	
		测量1缸进气侧和4缸排气侧气门间隙	15分	(1)测量方法不正确,扣5分; (2)测量数据不正确,扣10分	
		测量3缸进气侧和2缸排气侧气门间隙	15分	(1)测量方法不正确,扣5分; (2)测量数据不正确,扣10分	
		测量4缸进气侧和1缸排气侧气门间隙	15分	(1)测量方法不正确,扣5分; (2)测量数据不正确,扣10分	
2	选配新挺柱	计算新挺柱厚度	10分	计算方法不正确,扣10分	
		选配气门挺柱	10分	选配气门挺柱错误,扣10分	
3	安全文明生产	安全放置、固定被检配件; 检测工具、设备使用方法、步骤符合安全要求; 操作过程必备安全防护用品佩戴齐全; 现场整洁	10分	(1)不安全放置的,扣2分; (2)工具、设备使用方法不安全的,扣3分; (3)防护用品佩戴不齐全的,扣3分; (4)现场不整洁,扣2分	
		安全用电,防火,无人身、设备故障		因违规操作发生重大人身和设备事故,此题按0分记	
	分数合计		100分	最终得分	

学习任务四　发动机曲柄连杆机构的检测与修理

 学习目标

 知识目标

1. 掌握曲柄连杆机构的功用与组成；
2. 掌握曲柄连杆机构主要部件的结构组成；
3. 掌握四冲程发动机的基本术语；
4. 掌握多缸四冲程发动机的工作原理。

 技能目标

1. 能按照标准工艺完成汽缸盖的拆装与检测；
2. 能按照标准工艺完成汽缸的检测；
3. 能按照标准工艺完成活塞连杆组拆装与检测；
4. 能按照标准工艺完成曲轴的拆装与测量；
5. 能按照标准工艺完成汽缸压力检测。

 建议课时

18 课时。

某车主反映，近期汽车动力严重下降，油耗明显增加并伴有明显振动和噪

声。于是送修修理厂,想查明原因。经询问及试车,无明显噪声和异常,初步判断是汽缸压力不足所致,使用汽缸压力表对发动机进行检测,判断是汽缸与活塞之间间隙过大,异常振动和噪声来自曲轴箱,需要解体发动机进行检测。

一 理论知识准备

(一)曲柄连杆机构的功用与组成

1 曲柄连杆机构的功用

曲柄连杆机构的功用是将燃料燃烧时产生的热能转变为活塞往复运动的机械能,再通过连杆将活塞的往复运动变为曲轴的旋转运动而对外输出转矩。

2 曲柄连杆机构的组成

根据机件的运动方式不同,通常将曲柄连杆机构划分成机体组、活塞连杆组、曲轴飞轮组3个组。机体组主要由汽缸盖、汽缸体、曲轴箱、汽缸垫、油底壳和汽缸套等不动件组成;活塞连杆组主要由活塞、活塞环、活塞销和连杆等运动件组成;曲轴飞轮组主要由曲轴、飞轮、扭转减振器和传动带轮等旋转件组成,其结构图如图4-1所示。

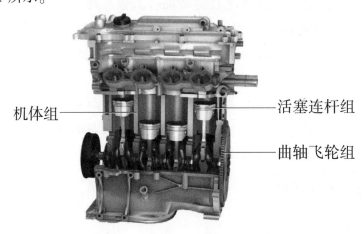

图4-1　曲柄连杆机构的组成

(二)机体组的组成和结构特点

1 机体组的组成

发动机机体组是发动机的骨架,是发动机各机构、系统和各种附件的装配基体。机体组主要由汽缸盖、汽缸体、曲轴箱、汽缸垫、油底壳和汽缸套等组成,如图4-2所示。

❷ 汽缸体的结构

发动机汽缸体与上曲轴箱常铸成一体,简称汽缸体,结构如图4-3所示,是发动机各机构安装的基础。

汽缸体上半部有若干个汽缸,上下有两个平面用以安装汽缸盖和油底壳,中部有水套。

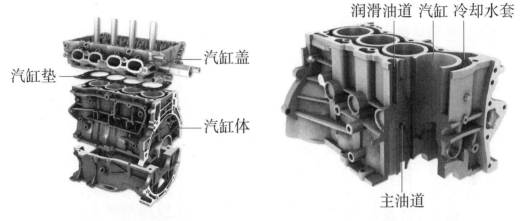

图4-2　机体组的组成　　　　　图4-3　汽缸体的结构

上曲轴箱的下部制有用于安装曲轴主轴承座孔,侧壁和前后壁上钻有将润滑油流向各轴承的主油道和分油道。

根据汽缸排列形式不同,汽缸体分直列式、V型、水平对置式等形式,如图4-4所示。

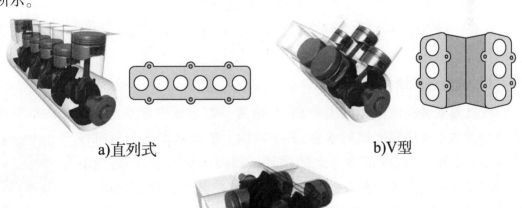

a)直列式　　　　b)V型

c)水平对置式

图4-4　汽缸排列方式及特点

直列式:各汽缸排成一直列,是最普通的汽缸排列方式。其特点是宽度较小,高度较高,发动机的总长度将随着汽缸数目增加而增加。

V 型:汽缸呈 V 型排成二列。其特点是汽缸体长度和高度小、宽度较大、形状复杂。而且由于曲轴轴承减少,这种发动机的摩擦损失也有所降低。

水平对置式:汽缸分二列水平分布在曲轴的两侧。其特点是重心低、宽度大、发动机的平衡性好。

❸ 汽缸的结构

汽缸体内引导活塞作往复运动的圆柱形空腔称为汽缸。它要承受可燃混合气燃烧产生的压力和热量及活塞在汽缸内往复运动中产生的侧向压力。

汽缸根据汽缸套的结构不同,可分为干式缸套和湿式缸套两种,如图 4-5 所示。

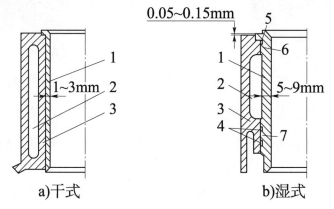

图 4-5　汽缸套

1-汽缸套;2-水套;3-汽缸;4-橡胶密封圈;5-凸缘平面;6-上支承密封带;7-下支承密封带

❹ 汽缸盖的结构

汽缸盖安装在汽缸体的上表面,与活塞一起形成燃烧室。汽缸盖内部有用于冷却燃烧室及周围区域的水套,其下端面上的冷却水孔与汽缸体上的冷却水孔相通,以保证冷却水的循环。如图 4-6 所示,汽缸盖上有进、排气门座、气门导管孔及进、排气通道等。汽缸盖两侧安装进、排气歧管,上部安装凸轮轴。汽缸盖上还加工有安装火花塞(汽油机)或喷油器(柴油机)的座孔。

汽缸盖结构

❺ 燃烧室的结构

燃烧室有盆形、倾斜盆形、楔形、半球形、双球形、多球形等类型,如图 4-7 所示。

学习任务四　发动机曲柄连杆机构的检测与修理

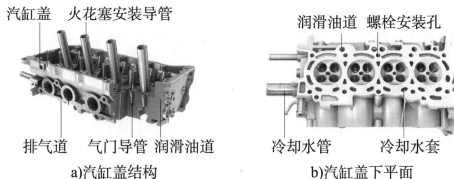

a)汽缸盖结构　　　　　　　b)汽缸盖下平面

图4-6　发动机汽缸盖

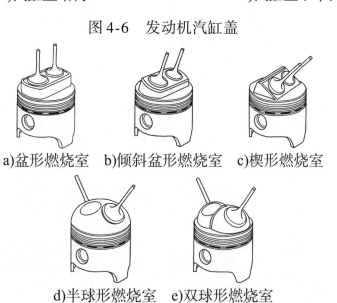

a)盆形燃烧室　b)倾斜盆形燃烧室　c)楔形燃烧室

d)半球形燃烧室　　e)双球形燃烧室

图4-7　发动机燃烧室

❻ 汽缸垫的结构

汽缸垫安装在汽缸盖和汽缸体之间，它是发动机最重要的一种垫片，是保证汽缸盖和汽缸体间的密封，防止漏水、漏气与窜油，如图4-8所示。

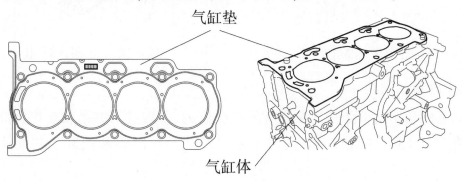

图4-8　汽缸垫

汽缸垫受汽缸盖紧固螺栓拧紧力的压缩。发动机工作时又受到汽缸内燃气的压力与热负荷的作用。这些应力都将引起汽缸垫的变形,从而破坏密封的可靠性。此外它还受到油水的腐蚀作用,常见材料有金属—石棉垫、金属骨架—石棉垫、纯金属垫等类型,目前应用较多的是金属—石棉垫。

❼ 油底壳的结构

油底壳又称下曲轴箱,如图 4-9 所示,其作用是储存和冷却机油并封闭曲轴箱。一般用薄钢板冲压而成。为防止汽车振动时油底壳油面产生较大的波动,内部设有稳油挡板。在底部装有的放油螺塞,为能吸附润滑油中的铁屑,放油螺塞带磁性。曲轴箱与油底壳之间有密封衬垫。

(三)活塞连杆组的组成和结构

❶ 活塞连杆组的组成

塞连杆组主要由活塞、活塞环、活塞销和连杆等部件组成,如图 4-10 所示。

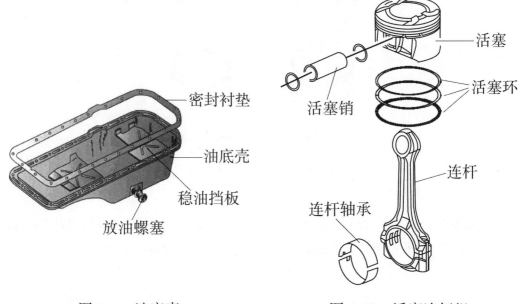

图 4-9　油底壳　　　　　图 4-10　活塞连杆组

❷ 活塞的结构

活塞的功用是承受燃气燃烧后的膨胀压力,并通过活塞销和连杆将此力传递给曲轴,以驱动曲轴旋转;同时活塞顶部还与汽缸盖和汽缸壁共同构成燃烧室。

活塞的基本结构由活塞顶部、头部和裙部三大部分组成,如图 4-11 所示。

学习任务四　发动机曲柄连杆机构的检测与修理

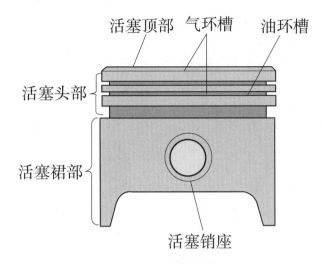

图 4-11　活塞的结构

活塞顶部是燃烧室的重要组成部分，用来承受气体压力。其形状取决于燃烧室的形式。常见的活塞顶部形状有平顶、凸顶、凹顶、成型顶等结构形式，如图 4-12 所示。

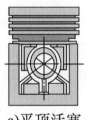 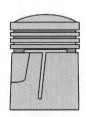 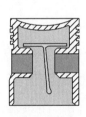 

a)平顶活塞　　　b)凸顶活塞　　　c)凹顶活塞　　　d)成型顶活塞

图 4-12　活塞顶部形状

活塞头部是指活塞环槽及以上的部分，用来安装活塞环，它是活塞的防漏部分，两环槽之间部分结构称环岸。

活塞裙部是指油环槽以下的部分，其功用是为活塞在汽缸内作往复运动导向，并承受侧压力。因而裙部要有一定的长度，保证可靠的导向；又要有足够的面积，以防活塞对汽缸壁单位面积压力过大，破坏润滑油膜，加大磨损。

发动机工作时，由于气体压力和活塞销座处金属较多的影响，活塞裙部沿活塞销轴线方向膨胀量较大，所以在常温下，活塞裙部截面形状呈椭圆形，如图 4-13 所示，椭圆形长轴垂直于活塞销方向，其目的是保证在热态下活塞与汽缸的配合间隙均匀。

活塞裙部类型

此外，发动机工作中，由于活塞的温度从上到下逐渐降低，膨胀量逐渐减小，所以在常温下，活塞裙部的直径是上小下大。

a) 常温下的形状　　b) 热态下的形状

图 4-13　活塞裙部截面形状

❸ 活塞环的结构

活塞环包括气环和油环两种，如图 4-14 所示。

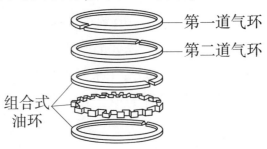

活塞环类型

图 4-14　活塞环

气环也称密封环，其作用是保证活塞与汽缸壁间的密封，防止燃烧室中的高温高压气体大量漏入曲轴箱，同时还可将活塞头部的热量传给汽缸壁。一般每个活塞上装有 2~3 道气环。

活塞环连同活塞一起装入汽缸后会形成"三隙"，即端隙 $\triangle 1$，侧隙 $\triangle 2$ 和背隙 $\triangle 3$，如图 4-15 所示。

活塞环端隙是指活塞环随活塞装入汽缸后，两端头间的间隙，此间隙是为了防止活塞环受热膨胀卡死在汽缸内而设置的。

活塞环的背隙是指活塞与活塞环装入汽缸后，活塞环内圆柱面与活塞环槽底间的间隙。

活塞环侧隙是指环的厚度与活塞上相应环槽宽度的差值，此间隙过大会使环的气体密封性下降，间隙过小会导致在高温膨胀时相互间发生"粘住"的危险。

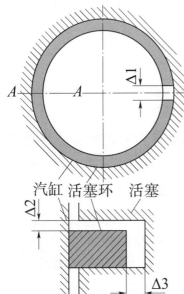

图 4-15　活塞环的间隙

在安装活塞环时，各道环的开口应按规定互相

学习任务四 发动机曲柄连杆机构的检测与修理

错开。活塞环上一般还有朝上标记，应按规定安装。

油环的作用是刮去汽缸壁上多余的润滑油，并将汽缸壁上的润滑油分布均匀。一般每个活塞上装有一道油环。

油环的类型

油环根据结构的不同分组合式油环和整体式油环 2 种类型，其中使用较广泛的是组合式油环，结构如图 4-16 所示。

组合式油环由刮油的上下刮片和保持表面压力的衬簧构成。通过使用衬簧，可以得到较高的表面压力。

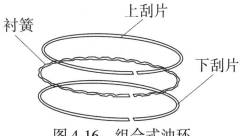

图 4-16　组合式油环

❹ 活塞销的结构

活塞销的功用是连接活塞与连杆，并将气体作用在活塞上的力传给连杆。活塞销的基本结构为一空心圆柱体，有时也按等强度要求做成变截面管状结构，如图 4-17 所示。

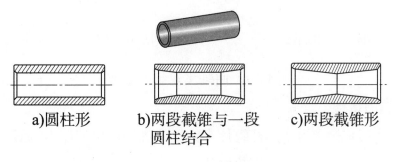

a)圆柱形　　b)两段截锥与一段圆柱结合　　c)两段截锥形

图 4-17　活塞销

❺ 连杆的结构

连杆的作用是将活塞的往复运动转变为曲轴的旋转运动，并将活塞承受的力传给曲轴。连杆的重量要轻，而且应具有足够的强度来承受发动机运转时的压力和拉力。

连杆的结构如图 4-18 所示，连杆由小头、杆身和大头组成。为了减轻重量，杆身为工字形截面。连杆小头用来安装活塞销以连接活塞，在全浮式连接的连杆小头内压有减磨的连杆衬套。连杆大头切分成杆身和连杆轴承盖两部分，通过连杆螺栓与曲轴的连杆轴颈相连。在

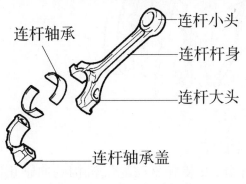

图 4-18　连杆的结构

连杆轴承盖和连杆杆身上都有朝前标记,以免在组合时,装错连杆大头与连杆轴承盖的方向。有些连杆轴承盖上有定位销,在组合连杆总成时做定位用。

连杆螺栓用来将连杆体与连杆盖紧固在一起,必须按标准力矩拧紧。

(四) 曲轴飞轮组的组成和结构特点

1 曲轴飞轮组的组成

曲轴飞轮组主要由皮带轮、扭转减振器、正时齿轮、曲轴、飞轮、油封等主要零件组成,如图4-19所示。

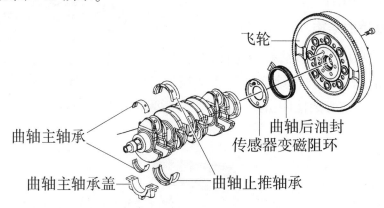

图4-19　曲轴飞轮组的组成

2 曲轴的结构

曲轴的作用是接受活塞连杆组传来的气体燃烧产生的压力,通过飞轮输出,同时将活塞的往复运动转变为旋转运动。

曲轴一般由主轴颈、连杆轴颈、曲柄、平衡重、前端轴和后端凸缘等组成,如图4-20所示。

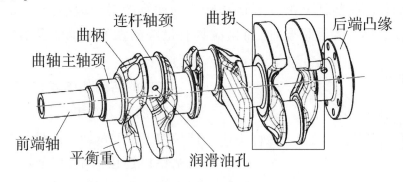

图4-20　曲轴的结构

曲轴的前端是第一道主轴颈之前的部分,安装有驱动配气机构的曲轴正时齿轮、驱动水泵和交流发电机等辅机的曲轴传动带轮及扭转减振器等。曲轴的后端是最后一道主轴颈之后的部分,后端带有安装飞轮的凸缘盘,在后端部还安装了变速器第一轴的导向轴承。

曲轴主轴颈通过主轴承支撑在曲轴箱上,连杆轴颈与连杆大头相连。平衡重可以消除旋转部分重量的不平衡。曲轴主轴颈和连杆轴颈间有润滑油道,用于将曲轴主轴颈的一部分润滑油供应给连杆轴颈和连杆轴承润滑。

一个连杆轴颈和它两侧的主轴颈组成一个曲拐。曲拐的数量取决于发动机的汽缸数及其排列方式,直列发动机的曲拐数等于汽缸数,而 V 形排列和水平对置式发动机的曲拐数为汽缸数的一半。曲拐的相对位置取决于汽缸数、汽缸排列形式和发动机的工作顺序,在四冲程发动机中曲轴转动两圈720°每个汽缸都完成进气、压缩、做功、排气一个工作循环,曲轴每转动180°完成一个行程。四冲程直列四缸发动机曲轴曲拐的布置,如图 4-21 所示,汽缸从前到后的编号为:1 号缸、2 号缸、3 号缸、4 号缸,点火顺序是 1→3→4→2 或 1→2→4→3。

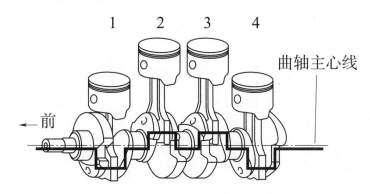

图 4-21 四冲程直列四缸发动机曲轴曲拐的布置

3 飞轮的结构

飞轮是一个转动惯量很大的圆盘,如图 4-22 所示。其主要作用是储存做功行程的部分能量,以克服辅助行程的阻力,使发动机转速均匀和提高短时超载的能力。同时,飞轮还有将曲轴的动力传递给离合器的作用。

为了使飞轮旋转时的转动惯量要大,而自身的重量要轻,飞轮盘中心部分的壁薄、外圆部分壁厚的铸铁或钢制成,其外缘上镶有齿圈,用于发动机起动时与起动机的小齿轮啮合,把起动机的旋转力传递给飞轮,飞轮的后端用于安装离合器。有些厂家在飞轮上还刻有第一缸上止点记号。

图 4-22 飞轮的构造

❹ 连杆轴承和曲轴主轴承的结构

连杆轴承和曲轴主轴承通过连杆轴承盖和曲轴主轴承盖安装在连杆大头与连杆轴颈间和曲轴主轴颈和曲轴支承间,这些轴承通常大多采用滑动轴承(平面轴承)。

一般连杆轴承和曲轴主轴承都是精密加工镶入式平面轴承,以软钢为背,内衬以轴承合金。

曲轴主轴承上有使润滑油流向连杆轴颈的油孔和油槽,连杆轴承上设有通向连杆的润滑油喷射孔的油孔。在分开嵌入式轴承上还设置有定位舌,用于轴承轴向定位,如图4-23所示。

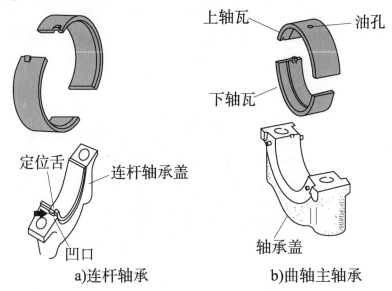

图4-23 连杆轴承和曲轴主轴承

为防止曲轴轴向窜动,其中一道曲轴主轴承的两侧装有止推片或翻边主轴承进行轴向定位,如图4-24所示。

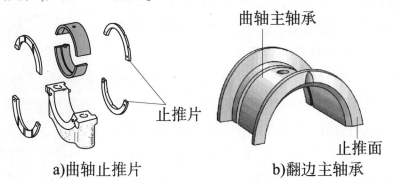

图4-24 曲轴轴向定位片

（五）四冲程发动机的基本术语

❶ 工作循环

活塞在汽缸内往复运动时，完成了进气、压缩、做功和排气 4 个工作过程，如图 4-25 所示，周而复始地进行这些过程，内燃机才能持续地运转对外输出功率，每完成一次上述 4 个过程称为一个工作循环。

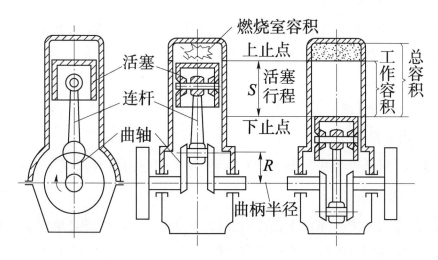

图 4-25　发动机基本术语示意图

❷ 上止点

上止点是指活塞离曲轴回转中心最远处，通常指活塞的最高位置。

❸ 下止点

下止点是指活塞离曲轴回转中心最近处，通常指活塞的最低位置。

❹ 活塞行程（S）

活塞行程是指上、下两止点间的距离，单位：毫米（mm）。活塞由一个止点移到另一个止点，运动一次的过程称行程。

❺ 曲柄半径（R）

曲柄半径是指与连杆大端相连接的曲柄销的中心线到曲轴回转中心线的距离，单位：mm。显然，曲轴每转一周，活塞移动两个行程，即 $S=2R$。

❻ 汽缸工作容积（V_h）

汽缸工作容积是指活塞从上止点到下止点所让出的空间的容积。

其计算公式为：

$$V_h = \frac{\pi D^2}{4 \times 10^6} S \tag{4-1}$$

式中：V_h——汽缸工作容积，升（L）；
　　　D——汽缸直径，毫米（mm）；
　　　S——活塞行程，毫米（mm）。

❼ 发动机排量（V_L）

发动机排量是指发动机所有汽缸工作容积的总和，也称发动机的工作容积。若发动机的汽缸数为 i，则：

$$V_L = V_h \times i \tag{4-2}$$

式中：V_L——发动机排量，升（L）。

❽ 燃烧室容积（V_c）

燃烧室容积是指活塞在上止点时，活塞顶上面空间的容积，单位：升（L）。

❾ 汽缸总容积（V_a）

汽缸总容积是指活塞在下止点时，活塞顶上面空间的容积，单位：升（L）。它等于汽缸工作容积与燃烧室容积之和，即：

$$V_a = V_c + V_h \tag{4-3}$$

❿ 压缩比（ε）

压缩比是指汽缸总容积与燃烧室容积的比值。

（六）多缸四冲程发动机的工作原理

由于单缸四冲程发动机每个工作循环所经历的4个活塞行程中，只有做功行程为有效行程，其他3个行程为消耗机械能的辅助行程。这样，发动机曲轴在做功行程中的转速快，在其他行程中转速慢。所以，一个工作循环中曲轴的转速是不均匀的。为了保证发动机运转平稳，现代汽车发动机都采用多缸四冲程发动机，应用最多的是四缸、六缸和八缸发动机。

多缸四冲程发动机每个汽缸所经历的工作循环与单缸四冲程发动机相同，但各缸的做功行程并非同时进行，而是按一定顺序进行。因此，对多缸四冲程发动机来说，曲轴每转两周，各缸分别做功一次，且各缸做功间隔角（以曲轴转角表示）保持一致。对于缸数为 i 的四冲程直列式发动机而言，做功间隔角为 $720°/i$，表4-1和表4-2为直列四缸和六缸发动机做功循环表。汽缸数越多，发动机工作越平稳，但结构也越复杂。

学习任务四 发动机曲柄连杆机构的检测与修理

直列四缸发动机工作循环表（发火顺序 1→2→4→3）   表 4-1

曲轴转角(°)	第1缸	第2缸	第3缸	第4缸
0~180	做功	压缩	排气	进气
180~360	排气	做功	进气	压缩
360~540	进气	排气	压缩	做功
540~720	压缩	进气	做功	排气

直列六缸发动机工作循环表   表 4-2

（发火顺序 1→5→3→6→2→4）

曲轴转角(°)	第1缸	第2缸	第3缸	第4缸	第5缸	第6缸
0~60	做功	排气	排气	做功	压缩	排气
60~120	做功	排气	压缩	排气	压缩	排气
120~180	做功	进气	压缩	排气	做功	压缩
180~240	排气	进气	做功	进气	做功	压缩
240~300	排气	进气	做功	进气	排气	压缩
300~360	排气	进气	做功	进气	排气	压缩
360~420	进气	压缩	做功	进气	排气	做功
420~480	进气	压缩	排气	压缩	排气	做功
480~540	进气	压缩	排气	压缩	进气	做功
540~600	压缩	做功	排气	压缩	进气	排气
600~660	压缩	做功	进气	做功	进气	排气
660~720	压缩	排气	进气	做功	压缩	排气

二 任务实施

（一）汽缸盖的拆装与检测

1 准备工作

(1) 科鲁兹轿车 LDE 发动机总成(拆除附件)。

(2) 维修手册。

(3) 常用拆装工具。

(4)量具:刀口尺、塞尺、角度规。

❷ 操作步骤与技术规范

操作步骤与技术规范见表4-3。

操作步骤与技术规范　　　　　　表4-3

操作步骤	过　程	技术规范与操作要领
拆卸汽缸盖及汽缸垫	拆卸汽缸盖螺栓	技术规范: (1)因汽缸盖螺栓扭矩较大,螺栓卸扭时必须采用指针式扭力扳手; (2)为防止螺栓拆卸不当造成缸盖变形,需按要求的顺序及拆卸步骤进行操作。 操作要领: (1)利用指针式扭力扳手,按维修手册规定顺序不超过90°拧松10颗螺栓; (2)再按同样顺序以90°～180°角度再次拧松10颗螺栓 说明:如果维修手册没有说明螺栓拆卸顺序,其操作原则是由外向内、对角、分多次拆卸汽缸盖螺栓
	取下汽缸盖螺栓及其垫片	操作要领: 拆卸后的螺栓及其垫片需按顺序整齐摆放

续上表

操作步骤	过程	技术规范与操作要领
拆卸汽缸盖及汽缸垫	取下汽缸盖和汽缸垫	技术规范： 根据维修手册要求，每次拆卸汽缸盖螺栓后需进行更换； 根据维修手册要求，每次拆卸汽缸垫后需更换。 操作要领： (1)撬动汽缸盖并向上敲击汽缸盖使其松动； (2)取下的汽缸盖后将按照屏幕朝上放置在木块上
清洁汽缸盖、汽缸体及螺栓孔、水道孔	清洁汽缸盖、汽缸体及螺栓孔、水道孔	技术规范： (1)利用铲刀、抹布或吹枪对汽缸盖和汽缸体进行清理清洁时，需由里向外操作，防止异物进入发动机缸体内； (2)如果需要对汽缸盖和汽缸体进行检查测量，还需要对其进行清洗。 操作要领： (1)清理汽缸盖与缸体、汽缸盖与进排气歧管安装部位； (2)清洁汽缸盖、汽缸体及螺栓孔、水道孔
汽缸盖检测	汽缸盖外观检查	操作要领： 检查汽缸盖有无裂纹、腐蚀、积炭、脏堵、沙眼和窜气孔
	汽缸盖平整度检查	技术规范： 标准数值：纵向不平度为0.05mm；横向不平度为0.03mm。 操作要领： 用塞尺和刀口尺在缸盖下平面上依次测量横向、纵向及交叉共6个位置，每个位置3~5个测量点

续上表

操作步骤	过程	技术规范与操作要领
汽缸盖检测	汽缸盖平整度检查	
安装汽缸垫	更换新汽缸垫并安装	技术规范： 汽缸垫有标记的一面朝上安装。 操作要领： (1)更换新汽缸垫并检查型号是否一致； (2)安装汽缸垫
安装汽缸盖	安装汽缸盖	技术规范： (1)汽缸盖螺栓扭矩：25N·m+90°+90°+90°+45°； (2)汽缸盖螺栓安装时一定要安装规定顺序及要求上紧扭矩，防止安装不到位造成汽缸盖变形。 说明：如果维修手册没有说明螺栓安装顺序，其操作原则是由内向外、对角、分多次拧紧汽缸盖螺栓。

学习任务四 发动机曲柄连杆机构的检测与修理

续上表

操作步骤	过程	技术规范与操作要领
安装汽缸盖	安装汽缸盖	操作要领： (1)更换新汽缸盖螺栓及其垫片，并用手旋入2~3圈； (2)预紧螺栓； (3)利用扭力扳手上紧螺栓至规定扭矩25N·m； (4)利用指针式扭力扳手进行3次90°和一次45°紧固

(二)汽缸的检测

❶ 准备工作

(1)科鲁兹轿车LDE发动机汽缸体。
(2)维修手册。
(3)常用拆装工具。
(4)量具:游标卡尺、千分尺、量缸表。

❷ 操作步骤与技术规范

操作步骤与技术规范见表4-4。

操作步骤与技术规范　　　　　　　　　　表4-4

操作步骤	过程	技术规范与操作要领
清洁并检查汽缸壁	清洁并检查汽缸壁	技术规范： 　如发现汽缸壁有烧蚀、拉缸等损坏，则需进行维修或更换。 操作要领： (1)擦拭汽缸壁； (2)检查汽缸壁有无损坏； (3)检查汽缸体上的定位销有无缺失或损坏
组装量缸表并校零	组装量缸表	操作要领： (1)检查百分表表头的活动情况，转动表盘无卡滞，捏住百分表上部的拉手部位轻轻向上提无卡滞； (2)检查表杆是否弯曲； (3)检查量缸表导向端的活动情况；

续上表

操作步骤	过程	技术规范与操作要领
组装量缸表并校零	组装量缸表	(4)检查调整垫片是否有锈蚀或脏物,清洁并测量调整垫片; (5)组装量缸表,并留1~2mm的预压缩量
	量缸表校零	技术规范: 缸径基本尺寸:79mm。 操作要领: (1)查询维修手册,确定缸径基本尺寸; (2)清洁、校准千分尺,并将千分尺调整到标准缸径79mm; (3)根据汽缸直径选择合适的接杆和调整垫片,将量缸表调零,并用扳手拧紧接杆。 说明:如果维修手册没有说明缸径基本尺寸,可以利用游标卡尺测量汽缸最上端尺寸确定
测量并计算汽缸直径	测量	技术规范: (1)横向和纵向三个截面测量点位置:

续上表

操作步骤	过程	技术规范与操作要领
测量并计算汽缸直径	测量	(2)汽缸标准尺寸： 导向值00尺寸：78.995~79.005mm； 导向值05尺寸：79.045~79.055mm。 说明：导向值05尺寸为加工修理后对缸径标准尺寸。 操作要领： (1)测量汽缸直径时，要先将导向轮放入汽缸并贴着缸壁直到表头达到待测位置，切勿磨损表头； (2)测量汽缸直径时，要前后摆动量缸表，当指针出现最大的偏转时的计数即为该位置汽缸的直径
	计算圆度、圆柱度	技术规范： 圆度误差≤0.05mm，圆柱度误差≤0.20mm。 说明：以上圆度误差和圆柱度误差是行业常用尺寸要求，如果手册另有尺寸要求，以各个维修手册标准为判断依据，手册未提及，可参考行业常用标准。 操作要领： (1)计算各缸的圆度误差：同一平面位置两直径之差再除以2； (2)计算各缸的圆柱度误差：最大直径与最小直径之差再除以2； (3)判断数据，得出结论

(三)活塞连杆组拆装

1 准备工作

(1)科鲁兹轿车LDE发动机汽缸体总成。

(2)维修手册。

(3)常用拆装工具。

(4)活塞环扩张器、铲刀、活塞环压缩器、机油、记号笔。

❷ 操作步骤与技术规范

操作步骤与技术规范见表4-5。

操作步骤与技术规范　　　　　　表4-5

操作步骤	过程	技术规范与操作要领
拆卸准备	汽缸盖及油底壳拆卸后,转动发动机翻转架使发动机倒置	操作要领: (1)假如先拆卸一、四缸活塞,当需要拆卸二、三缸活塞时,需顺时针转动曲轴180°,使二、三缸处于活塞下止点位置; (2)确认活塞头部超前记号,并对每个汽缸活塞标记位置记号; (3)对各缸连杆轴承盖与对应连杆大头位置做标记
	将需要拆卸活塞的汽缸转动至下止点位置	
	做活塞及连杆轴承盖标记	
拆卸连杆轴承盖	拆卸连杆轴承盖螺栓	操作要领: (1)拆卸连杆轴承盖螺栓时需多次均匀拧松,螺栓首次拧松需采用指针式扭力扳手; (2)当轴承盖不易取下时,可用橡皮锤轻敲连杆螺栓然后取下,注意防止活塞连杆掉落(或将已经拆卸的螺栓放在螺栓孔内,扭动取出轴承盖);
	取下连杆轴承盖及连杆轴承	(3)拆卸的轴承盖及轴承需要一一对应摆放整齐,防止安装时与其他汽缸零件错位安装; (4)轴承盖螺栓在拆卸后需更换

续上表

操作步骤	过程	技术规范与操作要领
拆卸活塞连杆组	用合适工具推出活塞连杆组	操作要领： (1)最好选用橡胶材料的榔头柄推动活塞； (2)拆卸的活塞连杆、连杆轴承及轴承盖需在对应位置摆放整齐，防止出现与其他汽缸错位安装
拆卸活塞环	使用活塞环扩张器拆下两道气环	操作要领： 为防止拆卸活塞环时出现断裂或变形情况，在拆卸过程中因避免扭动或弯曲气环和油环
	用手拆下组合油环	
	清理活塞顶面、活塞环和活塞环槽的积炭	

续上表

操作步骤	过程	技术规范与操作要领
安装活塞环	用手安装组合油环	技术规范： (1)活塞环上"TOP"标记必须朝向活塞顶部； (2)活塞环安装位置： 第一道活塞环开口在位置1中； 第二道活塞环开口在位置2中； 油刮片的过渡环在位置3中，油环刮片的钢片在位置4和5中。 说明：不同车型活塞环的安装位置不尽相同，需要查阅维修手册确定。
	使用活塞环扩充器安装气环	操作要领： (1)按顺序依次安装油环、第二道气环、第一道气环； (2)根据维修手册要求，调整活塞环开口位置
安装活塞连杆组	安装连杆轴承	操作要领： (1)在连杆轴承表面涂抹机油，不要在轴承背面涂抹机油，否则轴承的散热效能会严重下降；

续上表

操作步骤	过程	技术规范与操作要领
安装活塞连杆组	按照装配记号安装活塞连杆组	(2)安装连杆轴承时注意定位标记; (3)确认活塞的朝前标记并安装; (4)转动发动机翻转架至汽缸朝上位置,放入活塞安装工具,调整安装工具,按照装配记号放入活塞,用橡胶锤轻轻推入(推入深度与缸体平面平齐),取下活塞安装工具,再次用橡胶锤将活塞推入到位
安装连杆轴承盖	安装连杆轴承盖	技术规范: (1)连杆螺栓拧紧力矩35N·m+45°+15°; (2)连杆螺栓在拆卸后更换; (3)更换新螺栓。 操作要领: (1)当一、四缸处于下止点时安装一、四缸活塞连杆组,再转动曲轴180°安装二、三缸活塞; (2)放置连杆轴承盖后检查位置记号是否正确; (3)手旋入螺栓至少两圈,然后利用常用工具及预置式扭力扳手紧固螺栓,达到扭矩要求; (4)利用指针式扭力扳手及角度规,紧固螺栓至规定角度

(四)活塞及活塞环检测

1 准备工作

(1)科鲁兹轿车LDE发动机汽缸体总成。

(2)维修手册。

(3)常用拆装工具。

(4)量具:塞尺、吹枪。

❷ 操作步骤与技术规范

操作步骤与技术规范见表4-6。

操作步骤与技术规范　　　　　　表4-6

操作步骤	过　程	技术规范与操作要领
清洗活塞及活塞环	清洗活塞及活塞环	操作要领: (1)清除活塞环槽内的积炭; (2)将活塞及活塞环置于油盆内清洗,最后用吹枪吹洗干净以待测量
测量活塞环间隙	测量活塞环开口间隙	技术规范: (1)活塞环压入汽缸距离汽缸底部边沿约为15mm; (2)活塞环开口间隙规范值:矩形压缩环1为0.20~0.40mm;锥形压缩环2为0.40~0.60mm;刮油环3为0.2~0.75mm。 操作要领: (1)压入汽缸的活塞要求开口两端对齐,活塞环平面与汽缸壁垂直,建议利用倒置的活塞将环压入汽缸内; (2)用塞尺测量开口端隙时,所选塞尺的厚度在间隙中运动能够感到明显摩擦力的,即为测量值

续上表

操作步骤	过程	技术规范与操作要领
测量活塞环间隙	测量活塞环槽侧隙	技术规范： 活塞环环槽间隙规范值：矩形压缩环 1 为 0.04～0.08mm；锥形压缩环 2 为 0.03～0.07mm；刮油环 3 为 0.03～0.13mm。 操作要领： (1) 边滚动活塞环边测量 3 点位置； (2) 用塞尺测量环槽间隙时，所选塞尺的厚度在间隙中运动能够感到明显摩擦力的，即为测量值

（五）曲轴的拆装

1 准备工作

(1) 科鲁兹轿车 LDE 发动机汽缸体总成。

(2) 维修手册。

(3) 常用拆装工具。

(4) 指针式扭力扳手、抹布、吹枪、预置式扭力扳手、角度规、V 型铁。

2 操作步骤与技术规范

操作步骤与技术规范见表 4-7。

操作步骤与技术规范　　　　　表 4-7

操作步骤	过程	技术规范与操作要领
拆卸曲轴主轴承盖	拆卸曲轴主轴承盖螺栓	技术规范： (1) 检查主轴承盖对前记号； (2) 检查轴承和轴承盖标记。 操作要领： (1) 使用指针式扭力扳手和套筒由外向内拆卸主轴承盖螺栓； (2) 分几次均匀松开主轴承盖螺栓； (3) 使用拆下的主轴承盖的螺栓，前后撬动并拆下主轴承盖和下止推片
	取下主轴承盖	
拆卸曲轴	取下曲轴和止推垫片	操作要领： (1) 抬出曲轴，平行放在 V 型块上； (2) 把下轴承和主轴承盖放在一起，并按顺序摆放； (3) 检查下轴承标记
清洁、检查曲轴及相关零件	清洁曲轴轴颈、轴承和轴承盖	技术规范： 每个主轴颈、连杆轴颈和轴承应无麻点和划痕，否则更换曲轴或视情修理

续上表

操作步骤	过　程	技术规范与操作要领
安装曲轴	安装曲轴	操作要领： (1)对准轴承凸起和缸体的凹槽； (2)润滑轴承内面、止推垫片及轴颈
安装曲轴轴承盖	安装曲轴主轴承盖	技术规范： (1)主轴承盖螺栓扭矩：50N·m+45°+15°； (2)轴承盖标记向前，按顺序摆放，相互位置不得更换； (3)检查曲轴转动，应能灵活转动。 操作要领： (1)对准轴承凸起和主轴承盖的凹槽安装主轴承盖； (2)润滑轴承内表面； (3)更换新主轴承螺栓； (4)放置主轴承盖后检查位置记号是否正确；
	紧固曲轴轴承盖螺栓	(5)手旋入螺栓至少两圈，然后利用常用工具及预置式扭力扳手紧固螺栓，达到扭矩要求，顺序由中间向两边或根据维修手册要求的顺序紧固； (6)利用指针式扭力扳手及角度规，紧固螺栓至规定角度，顺序由中间向两边或根据维修手册要求的顺序紧固； (7)检查曲轴的转动是否正常，如异常，需拆卸查找原因后再装复

(六)曲轴的检测

1 准备工作

(1)科鲁兹 LDE 发动机汽缸体(拆除所有活塞)。

(2)维修手册。

(3)常用拆装工具。

(4)量具:百分表、磁性表座、塑料线间隙规、千分尺、游标卡尺。

2 操作步骤与技术规范

操作步骤与技术规范见表4-8。

操作步骤与技术规范　　　　　　表4-8

操作步骤	过　程	技术规范与操作要领
清洁、检查曲轴外观	清洁、检查曲轴外观	技术规范: 每个主轴颈、连杆轴颈和轴承应无麻点和划痕,否则更换曲轴或视情修理。 操作要领: (1)清洁曲轴轴颈、轴承和轴承盖; (2)检查主轴颈、连杆轴颈和轴承有无麻点和划痕
检查曲轴轴向间隙	检查曲轴轴向间隙	技术规范: 允许的曲轴轴向间隙为0.100～0.202mm。 操作要领: (1)检查百分表及支架并组装,百分表的调整螺母必须锁紧,否则会因为百分表松动影响到测量结果; (2)调整百分表,使百分表头贴近被测表面,并对百分表预压1mm;若不进行百分表预压,也会引起测量结果失准; (3)将百分表及磁性表座安装在缸体上,调整百分表测量缸,使之垂直测量表面,测量位置为曲轴前端或后端; (4)转动百分表刻度盘,使其大指针对准"0"刻度; (5)利用一字起左右轴向撬动曲轴,百分表针左右晃动的最大间隔距离即为测量值

学习任务四　发动机曲柄连杆机构的检测与修理

续上表

操作步骤	过　程	技术规范与操作要领
检查曲轴不圆度	拆卸曲轴主轴承盖和下曲轴轴承	技术规范： 允许最大的旋转间隙为0.03mm。 操作要领： (1)测量位置为第三道主轴承位置,百分表测量表头须避开主轴颈处的油孔；
	将曲轴放置在发动机汽缸体中	
	将百分表安装在发动机汽缸体的托架上,并靠近第三道曲轴主轴颈处	
	调整百分表测量表头与第三道曲轴主轴颈测量表面的垂直位置和测量点	(2)检查百分表及支架并组装,百分表的调整螺母必须锁紧,否则会因为百分表松动影响到测量结果； (3)调整百分表,使百分表头贴近被测表面,并对百分表预压1mm；若不进行百分表预压,也会引起测量结果失准； (4)转动百分表刻度盘,使其大指针对准"0"刻度；
	平稳转动曲轴检查曲轴的旋转间隙	(5)转动曲轴时,百分表指针左右晃动的最大间隔距离既为测量值
检查曲轴轴承间隙	在拆卸曲轴主轴承盖及其下轴承的前提下,沿曲轴轴线方向放置合适长度的塑料线间隙规	技术规范： (1)允许的曲轴轴承间隙:0.005～0.059mm； (2)主轴承盖螺栓扭矩:50N·m+45°+15°。 操作要领： (1)塑料线间隙规放置位置:

续上表

操作步骤	过程	技术规范与操作要领
检查曲轴轴承间隙	按技术规范安装下轴承和主轴承盖	(2)测量曲轴轴承间隙方法：
	按技术规范拆卸主轴承盖及其轴承	
	将变平的塑料线（箭头所指）的宽度与量尺对比，读取曲轴轴承间隙	(3)放置塑料线间隙规后不得转动曲轴； (4)注意正确的主轴承盖螺栓拆装顺序和扭矩角度紧固要求
检查曲轴主轴颈	清洁、校零千分尺	技术规范： 曲轴主轴颈直径标准:54.980~54.997mm。 操作要领： (1)曲轴主轴颈测量位置需要避开油孔，并靠近两端的两个截面，每个截面垂直两个方向；
	测量曲轴主轴颈	(2)测量过程中要保证千分尺处于轴颈直径位置，并安装技术规范使用千分尺，避免测量误差

(七)汽缸压力检测

1 准备工作

(1)雪弗兰克鲁兹轿车整车。

（2）常用拆装工具。

（3）维修手册。

（4）火花塞专用套筒、汽缸压力表。

❷ 操作步骤与技术规范

操作步骤与技术规范见表4-9。

操作步骤与技术规范　　　　　　　　　表4-9

操作步骤	过　程	技术规范与操作要领
车内外防护	安装挡块	操作要领： 对车辆做好有效防护
	安放前格栅布、翼子板布	
	安放转向盘套、换挡杆套、座椅垫、地板垫	
	车辆停放安全,拉起手刹,变速器置于空挡	
	安装尾气排放管	
发动机预热	发动机预热	操作要领： （1）确认驻车和空挡位置； （2）打开点火开关,起动发动机并保持怠速运转3～5min； （3）注意观察水温表指示数值的变化,当水温达到90℃左右时,关闭点火开关,停止发动机运转

续上表

操作步骤	过 程	技术规范与操作要领
拆卸火花塞	断开点火线圈总插头T8,拆下点火线圈总成	操作要领: (1)断开各缸火花塞连接器时,不得拉拽线束; (2)使用火花塞专用套筒及棘轮扳手拆卸火花塞; (3)拆卸火花塞后防止异物进入发动机燃烧室
	使用火花塞专用套筒及棘轮扳手拆卸四个缸的火花塞	
安装汽缸压力表	汽缸压力表归零	操作要领: (1)观察表头指针是否处于零位,如果不是则按下归零按钮; (2)将汽缸压力表螺纹管接头或橡胶接头与火花塞安装孔连接; (3)当使用橡胶接头测量汽缸压力时,为了保证测量数据可靠,必须防止在发动机起动运转时出现漏气
	安装压力表	
读取并计算压力值	读取汽缸压力值	技术规范: 汽缸压力值:①新发动机:1000~1500kPa,极限状态:1700kPa;②所有汽缸间允许相差:300kPa。 操作要领: (1)踩下加速踏板,使节气门处于最大开度位置; (2)起动发动机,使起动机带动发动机运转3~5s,直至不再显示压力上升,读取压缩压力值; (3)重复读取汽缸压力2~3次,并计算平均值

学习任务四 发动机曲柄连杆机构的检测与修理

三 学习拓展

汽缸压力不足

汽缸压力是指活塞到达压缩上止点时,汽缸内压力的大小。汽缸压力不足,就意味着汽缸密封性降低,将会使发动机功率下降,起动困难,若个别汽缸压力不足会使发动机运转不稳定。

(1)故障原因。

①活塞环的侧隙、开口端隙过大,或气环开口的迷宫路线变短,或活塞环的第一密封面磨损后,其密封性变差。

②活塞与汽缸磨损过大使汽缸间隙增大,活塞在汽缸内运动摇摆,影响活塞环与汽缸的良好贴合密封。

③因活塞环结胶、积炭而卡在活塞环槽内,使环的自身弹性不能发挥,失去了气环与汽缸壁的第一密封面。

④汽缸拉伤。当汽缸拉伤之后,使活塞环与汽缸的密封被破坏,造成汽缸压力低。

⑤装用了不匹配的活塞。如有的发动机所选用的活塞顶部凹坑深度不一,用错后将影响汽缸压力。

⑥汽缸垫冲坏,气门座圈松动,气门弹簧折断或弹力不足,气门与气门导管因积炭或间隙过小,使气门上下运动受阻等,导致气门密封不严。

⑦正时系统故障,例如正时传动带或正时链条安装错误,导致配气相位不正确。

⑧使用了不匹配的汽缸盖,如有的汽缸盖燃烧室容积可能不同,若装错会影响汽缸压力。

⑨进排气门间隙调整不当,或与气门座密封不严,或测试汽缸压力时操作不当。

(2)故障检修。

当前用汽缸压力表检测汽缸压力的方法较多,可用测起动机电流和起动机电压检测汽缸压力;另外,也可用胶管和压缩空气逐缸测量的方法。用汽缸压力表检测汽缸压力时,应使发动机处在正常热机状态,冷却液温度在85~95℃,润滑油温度在70~90℃时进行。同时,断开能够使发动机不能起动的连接器,保证只有起动机正常运转。

四 评价与反馈

❶ 自我评价

(1)通过本学习任务的学习你是否已经知道以下知识：

①曲柄连杆机构的作用是什么？请简述其基本组成。

_____。

②四冲程发动机的基本术语有哪些？各有何含义？

_____。

(2)曲柄连杆机构的检查项目有哪些？用到了哪些工具和量具？

_____。

(3)实训过程完成情况如何？

□独立完成； □合作完成； □部分完成； □未完成。

(4)通过本学习任务的学习,你认为自己的知识和技能还有哪些欠缺？

_____。

签名：_____　　　____年___月___日

❷ 小组评价

小组评价表见表4-10。

小组评价表　　　　表4-10

序号	评价项目	评价情况
1	着装是否符合要求	
2	是否能合理规范地使用仪器和设备	
3	是否按照安全和规范的流程操作	
4	是否遵守学习、实训场地的规章制度	
5	是否能保持学习、实训场地整洁	
6	团结协作情况	

参与评价的同学签名：_____　　____年___月___日

❸ 教师评价

_____。

教师签名：_____　　　____年___月___日

五 技能考核标准

1 汽缸盖的拆装与检测技能考核标准

汽缸盖的拆装与检测技能考核表见表4-11。

汽缸盖的拆装与检测技能考核表　　　表 4-11

序号	操作环节	考核内容	规定分	评分标准	得分
1	拆卸汽缸盖	拆卸汽缸盖	15 分	（1）汽缸盖螺栓拆除顺序不正确扣4分； （2）汽缸盖螺栓未分2~3次拧松扣4分； （3）垫圈拆卸顺序及方法错误扣4分(采用磁棒吸取)； （4）拆下后放置在木块上未垫布扣4分	
		取下汽缸垫	10 分	未取下汽缸垫扣10分	
2	测量平面度	检查汽缸盖	30 分	（1）未清洗汽缸盖和检查是否有裂纹、积炭扣6分； （2）未正确测量缸盖平面度扣6分； （3）未正确测量进气歧管平面度扣6分； （4）未正确测量排气歧管平面度扣6分； （5）未正确填写数据、未准确判断是否正常各扣6分	
3	安装汽缸盖	清洁	10 分	未清洁缸盖平面及缸体平面扣10分	

续上表

序号	操作环节	考核内容	规定分	评分标准	得分
3	安装汽缸盖	安装新的汽缸垫	10分	缸垫未正确定位扣10分	
		安装汽缸盖	15分	(1)未在螺栓的螺纹和与垫圈相接触的螺栓头下的部位涂抹一薄层发动机机油扣4分； (2)未用手旋入每个缸盖螺栓1~2个螺纹扣3分； (3)汽缸盖螺栓安装方法不正确，螺栓上紧顺序不符合技术要求扣4分； (4)未按工艺上紧扣4分	
4	安全文明生产	安全放置、固定被检配件； 检测工具、设备使用方法、步骤符合安全要求； 操作过程必备安全防护用品佩戴齐全； 现场整洁	10分	(1)不安全放置的,扣2分； (2)工具、设备使用方法不安全的,扣3分； (3)防护用品佩戴不齐全的,扣3分； (4)现场不整洁,扣2分	
		安全用电,防火,无人身、设备故障		因违规操作发生重大人身和设备事故,此题按0分记	
		分数合计	100分	最终得分	

② 汽缸的检测技能考核标准

汽缸的检测技能考核表见表4-12。

汽缸的检测技能考核表　　　　　　　　　　　　　　表 4-12

序号	操作环节	考核内容	规定分	评分标准	得分
1	准备工作	清洁汽缸内壁 游标卡尺的准备 千分尺的准备	15 分	(1) 零件清洁不到位扣 5 分； (2) 游标卡尺未清洁、校零扣 5 分； (3) 外径千分尺未清洁、校零扣 5 分	
2	装表与校表	测量基本缸径	15 分	(1) 测量位置不正确扣 5 分； (2) 测量方法不正确扣 5 分； (3) 测量结果不正确扣 5 分	
		装表	10 分	量缸表组装方法不正确扣 10 分	
		校表	10 分	校对方法不正确扣 10 分	
3	测量与判定	测量缸径	20 分	(1) 测量位置不正确扣 5 分； (2) 测量方法不正确扣 5 分； (3) 测量结果不正确扣 10 分	
		结论判定（包括计算）	20 分	根据维修手册判断检查结果不正确 20 分	
4	安全文明生产	安全放置、固定被检配件； 检测工具、设备使用方法、步骤符合安全要求； 操作过程必备安全防护用品佩戴齐全； 现场整洁	10 分	(1) 不安全放置的，扣 2 分； (2) 工具、设备使用方法不安全的，扣 3 分； (3) 防护用品佩戴不齐全的，扣 3 分； (4) 现场不整洁，扣 2 分	
		安全用电，防火，无人身、设备故障		因违规操作发生重大人身和设备事故，此题按 0 分记	
	分数合计		100 分	最终得分	

❸ 活塞连杆组的拆装技能考核标准

活塞连杆组的拆装技能考核表见表4-13。

活塞连杆组的拆装技能考核表　　　　　表4-13

序号	操作环节	考核内容	规定分	评分标准	得分
1	活塞连杆组的拆卸	拆卸带连杆的活塞分总成	20分	（1）拆卸方法不正确扣5分； （2）未确认连杆和连杆盖上的装配标记和朝前标记扣5分； （3）未按正确的顺序摆放活塞和连杆总成扣5分； （4）未按正确的顺序摆放拆下的连杆轴承扣5分	
		拆卸活塞环组件	20分	（1）未按正确的顺序拆卸扣10分； （2）拆卸方法不正确扣10分	
2	活塞连杆组的安装	安装活塞环组件	20分	（1）安装方法不正确扣10分； （2）各活塞环开口未符合要求扣10分	
		安装带连杆的活塞分总成	30分	（1）未在缸壁、活塞、连杆轴承表面、螺栓涂抹机油扣5分； （2）安装时未检查朝前标记和装配标记扣5分； （3）安装方法不正确扣5分； （4）螺栓上紧不符合技术要求扣5分； （5）未检查并确认曲轴转动顺畅扣10分	

学习任务四　发动机曲柄连杆机构的检测与修理

续上表

序号	操作环节	考核内容	规定分	评分标准	得分
3	安全文明生产	安全放置、固定被检配件；检测工具、设备使用方法、步骤符合安全要求；操作过程必备安全防护用品佩戴齐全；现场整洁	10分	(1)不安全放置的,扣2分；(2)工具、设备使用方法不安全的,扣3分；(3)防护用品佩戴不齐全的,扣3分；(4)现场不整洁,扣2分	
		安全用电,防火,无人身、设备故障		因违规操作发生重大人身和设备事故,此题按0分记	
	分数合计		100分	最终得分	

❹ 活塞连杆组的检测技能考核标准

活塞连杆组的检测技能考核表见表4-14。

活塞连杆组的检测技能考核表　　表4-14

序号	操作环节	考核内容	规定分	评分标准	得分
1	准备工作	清洁零件 量具准备	10分	(1)零件清洗不到位(活塞顶部、环槽及测量面),扣5分；(2)塞尺未清洁扣5分	
2	测量活塞环侧隙和端隙	测量活塞环侧隙	30分	(1)测量位置不正确扣10分；(2)测量方法不正确扣10分；(3)测量结果不正确扣10分	

续上表

序号	操作环节	考核内容	规定分	评分标准	得分
2	测量活塞环侧隙和端隙	测量活塞环端隙	30 分	(1)测量位置不正确扣 10 分; (2)测量方法不正确扣 10 分; (3)测量结果不正确扣 10 分	
		结论判定	20 分	根据维修手册判断测量结果不正确 20 分	
3	安全文明生产	安全放置、固定被检配件; 检测工具、设备使用方法、步骤符合安全要求; 操作过程必备安全防护用品佩戴齐全; 现场整洁	10 分	(1)不安全放置的,扣 2 分; (2)工具、设备使用方法不安全的,扣 3 分; (3)防护用品佩戴不齐全的,扣 3 分; (4)现场不整洁,扣 2 分	
		安全用电、防火、无人身、设备故障		因违规操作发生重大人身和设备事故,此题按 0 分记	
	分数合计		100 分	最终得分	

5 曲轴的拆装技能考核标准

曲轴的拆装技能考核表见表 4-15。

曲轴的拆装技能考核表　　　表 4-15

序号	操作环节	考核内容	规定分	评分标准	得分
1	曲轴飞轮组的拆卸	拆卸飞轮	10 分	拆卸方法不正确扣 10 分	
		拆卸主轴承盖	25 分	(1)拆卸方法不正确扣 15 分;	

学习任务四　发动机曲柄连杆机构的检测与修理

续上表

序号	操作环节	考核内容	规定分	评分标准	得分
1	曲轴飞轮组的拆卸	拆卸主轴承盖	25分	（2）未按正确的顺序摆放扣10分	
2	曲轴飞轮组的安装	安装曲轴	45分	（1）安装时未检查朝前标记和装配标记扣10分； （2）安装方法不正确扣15分； （3）未在轴颈、轴承表面、螺栓涂抹机油扣10分； （4）螺栓上紧不符合技术要求扣10分	
		安装飞轮	10分	安装方法不正确扣10分	
3	安全文明生产	安全放置、固定被检配件； 检测工具、设备使用方法、步骤符合安全要求； 操作过程必备安全防护用品佩戴齐全； 现场整洁	10分	（1）不安全放置的，扣2分； （2）工具、设备使用方法不安全的，扣3分； （3）防护用品佩戴不齐全的，扣3分； （4）现场不整洁，扣2分	
		安全用电，防火，无人身、设备故障		因违规操作发生重大人身和设备事故，此题按0分记	
		分数合计	100分	最终得分	

6　曲轴的检测技能考核标准

曲轴的检测技能考核表见表4-16。

曲轴的检测技能考核表　　　　　　　　　　　　　　　表 4-16

序号	操作环节	考核内容	规定分	评分标准	得分
1	准备工作	清洁零件 量具准备	15 分	（1）零件清洗不到位（活塞顶部、环槽及测量面），扣 5 分； （2）外径千分尺未清洁，扣 5 分； （3）外径千分尺未校零，扣 5 分	
2	检查曲轴轴向间隙	检查曲轴轴向间隙	10 分	（1）测量方法不正确扣 5 分； （2）测量结果不正确扣 5 分	
		结论判定	5 分	根据维修手册判断检查结果不正确 5 分	
3	检查曲轴不圆度	检查曲轴不圆度	15 分	（1）测量位置不正确扣 5 分； （2）测量方法不正确扣 5 分； （3）测量结果不正确扣 5 分	
		结论判定	5 分	根据维修手册判断检查结果不正确 5 分	
4	检查曲轴轴承间隙	检查曲轴轴承间隙	10 分	（1）测量方法不正确扣 5 分； （2）测量结果不正确扣 5 分	
		结论判定	5 分	根据维修手册判断检查结果不正确 5 分	

续上表

序号	操作环节	考核内容	规定分	评分标准	得分
5	检查曲轴主轴颈及轴承宽度厚度	检查曲轴主轴颈	10分	(1)测量方法不正确扣5分； (2)测量结果不正确扣5分	
		检查轴承	10分	(1)测量方法不正确扣5分； (2)测量结果不正确扣5分	
		结论判定	5分	根据维修手册判断检查结果不正确5分	
6	安全文明生产	安全放置、固定被检配件；检测工具、设备使用方法、步骤符合安全要求；操作过程必备安全防护用品佩戴齐全；现场整洁	10分	(1)不安全放置的,扣2分； (2)工具、设备使用方法不安全的,扣3分； (3)防护用品佩戴不齐全的,扣3分； (4)现场不整洁,扣2分	
		安全用电,防火,无人身、设备故障		因违规操作发生重大人身和设备事故,此题按0分记	
	分数合计		100分	最终得分	

❼ 汽缸压力测试技能考核标准

汽缸压力测试技能考核表见表4-17。

汽缸压力测试技能考核表　　　　　表4-17

序号	操作环节	考核内容	规定分	评分标准	得分
1	汽缸压力的检查	汽缸压力的检测方法	45分	(1)空滤不拆扣10分； (2)火花塞没有全部拆下扣15分； (3)节气门不全开扣10分； (4)每缸单测一次扣10分	

续上表

序号	操作环节	考核内容	规定分	评分标准	得分
2	汽缸压力测量数值分析	诊断参数和标准	45分	不知道和记错扣10分	
		数据分析		分析方法不正确扣25分	
		判断结果		结果错误扣10	
3	安全文明生产	安全放置、固定被检配件；检测工具、设备使用方法、步骤符合安全要求；操作过程必备安全防护用品佩戴齐全；现场整洁	10分	(1)不安全放置的,扣2分；(2)工具、设备使用方法不安全的,扣3分；(3)防护用品佩戴不齐全的,扣3分；(4)现场不整洁,扣2分	
		安全用电,防火,无人身、设备故障		因违规操作发生重大人身和设备事故,此题按0分记	
	分数合计		100分	最终得分	

学习任务五　冷却系统的检查与维修

 学习目标

 知识目标

1. 掌握冷却系统的结构组成及工作原理；
2. 掌握冷却液在车辆上的大小循环路线；
3. 掌握冷却液的类型与使用；
4. 掌握冷却系统主要部件的安装位置；
5. 了解冷却系统各类故障现象及成因。

 技能目标

1. 能正确使用工具仪器完成冷却液冰点检测；
2. 能正确规范完成冷却液的更换；
3. 能正确规范完成冷却水泵的更换。

 建议课时

12课时。

某客户反映汽车发动机有过热的现象。经检查，润滑系统、点火系统和燃油系统正常，燃烧室无积炭，初步判断是冷却系统故障所致，需要对冷却系统进行

检查，确定故障部位并进行维修。

一 理论知识准备

(一) 冷却系统的功用和组成

❶ 冷却系统的功用

发动机工作时，由于燃料的燃烧以及运动零件之间摩擦而产生大量的热。冷却系统的主要功用是通过水套的冷却液循环，把受热零件吸收的部分热量及时散发出去，保证发动机在各种工况下都能在最适宜的温度状态80℃~90℃之间工作；同时又能保证发动机起动后能迅速升温，短时间内达到正常的工作温度。

❷ 冷却系统的组成

汽车发动机常见的冷却方式有两种，即水冷却和风冷却。目前大多数汽车发动机采用强制循环式水冷却系统。

水冷却系统，如图5-1所示，以冷却液为介质，热量由机体传给冷却液，靠冷却液的流动把热量带走，再散发到大气中去，使发动机的温度降低，散热后的冷却液再重新流回到受热机体处。适当地调节水路和冷却强度，就能保证发动机的正常工作温度。水冷却系统又分为强制循环式水冷却系统和自然循环式水冷却系统。自然循环式水冷却系统仅利用冷却液的自然对流来实现循环。强制循环式水冷却系统是利用水泵强制地使冷却液在冷却系统中进行循环流动。强制循环式水冷却系统冷却效果可靠，在汽车发动机上使用最为广泛。

风冷却系统，如图5-2所示，利用高速流动的空气直接吹过汽缸盖和汽缸体表面，把热量散发到大气中去，保证发动机在最佳温度范围内工作。风冷却系统与水冷却系统比较，其结构简单，使用和维修方便，但风冷却系统存在冷却不够可靠，消耗功率大和噪声大等缺点。

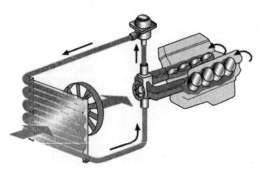

图 5-1 水冷却系统

图 5-2 风冷却系统

学习任务五　冷却系统的检查与维修

水冷却系统主要由散热器、散热器盖、散热风扇、补偿水桶、水泵、发动机水套、橡胶水管、节温器、冷却介质等组成,如图5-3所示。

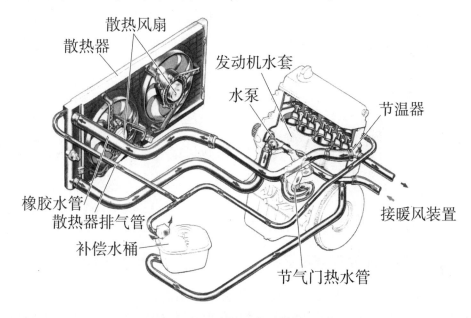

图5-3　发动机水冷却系统

散热器安装于汽车发动机前方的水箱框架上,通过橡胶水管同发动机缸盖上的水套出水口和缸体水泵的入水口相连。

散热风扇安装于散热器后方,风扇运转时气流从前往后流过散热器,增强散热效果。

节温器安装在冷却水循环的通路中(一般安装在汽缸盖的出水口),根据发动机负荷的大小和水温的高低自动改变水的循环流动路线,以达到调节冷却系统冷却强度的目的。

补偿水桶多用半透明材料(如塑料)制成,透过箱体可直接方便地观察到液面高度,无需打开散热器盖,冷却液的液面高度应在MAX与MIN之间。

汽缸体、汽缸盖内铸有水套。缸体上平面及缸盖下平面铸有通水孔,使缸体与缸盖水套相通。发动机工作时,冷却液就在水套内循环流动吸收热量。

水泵一般安装在发动机缸体前端面,由曲轴通过齿形带或链条带动旋转。

(二)冷却液的循环路线

发动机工作时,水泵将冷却液压入发动机汽缸体水套,然后流入汽缸盖水套吸收机体的热量。此后冷却液的循环路线随着发动机温度的变化而改变。节温器安装在缸盖出水口处,受冷却液温度控制决定冷却液的循环路线。当发动机的冷却液温度低于70℃时,节温器关闭通往散热器的通路,冷却液从缸盖水套流出直接进入水泵,再由水泵加压后送入缸体水套此为小循环,如图5-4a)所示。

当冷却液温度高于90℃时,节温器关闭缸盖水套至水泵的小循环通路,冷却液经节温器全部进入散热器进行散热后回到水泵再次加压,此为大循环,如图5-4b)所示。

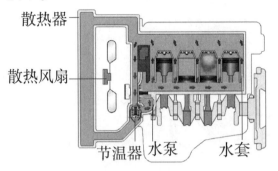
a) 冷却系统的小循环示意图

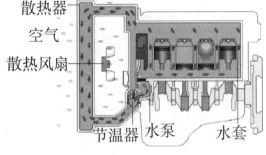
b) 冷却系统的大循环示意图

图5-4　冷却系统循环示意图

当冷却液温度介于70℃~90℃之间时,节温器使缸盖水套通往散热器的通路部分开启。此时两种循环同时存在,有一部分冷却液流往散热器散热。

为了提高燃油雾化程度,利用冷却液的热量对进入进气歧管内的混合气进行预热,车上的暖风装置利用冷却液带出的热量来达到取暖目的,如图5-3所示。当需要取暖时,打开暖气控制阀,从汽缸体水套流出的部分冷却液可流入暖风热交换器供暖,随后流回水泵。

(三)冷却液的类型与使用

1 冷却液的类型

冷却液是发动机冷却系统中最重要的工作介质,它在发动机冷却系统中循环流动,将发动机工作中产生的多余热能带走,使发动机能以正常工作温度运转。当冷却液不足时,将会使发动机水温过高,而导致发动机零部件的损坏。所以一旦发现冷却液不足,应该及时添加。冷却液由水、防冻剂、添加剂3部分组成,按防冻剂成分的不同可分为酒精型、甘油型和乙二醇型等冷却液。

酒精型冷却液是用乙醇作防冻剂,价格便宜,流动性好,配制工艺简单,但沸点较低、易挥发损失、冰点易升高、易燃等,现已逐渐被淘汰;甘油型冷却液沸点高、挥发性小、不易着火、无毒、腐蚀性小,但降低冰点效果不佳、成本高、价格昂贵,用户难以接受,只有少数北欧国家仍在使用;乙二醇型冷却液是用乙二醇作防冻剂,并添加少量抗泡沫、防腐蚀等综合添加剂配制而成。

由于乙二醇易溶于水,可以任意配成各种冰点的冷却液,其最低冰点可达-68℃,这种冷却液具有沸点高、泡沫倾向低、黏温性能好、防腐和防垢等特点,是一种较为理想的冷却液,目前国内外发动机所使用的和市场上所出售的冷却液几乎都是乙二醇型冷却液。冷却液中水与乙二醇的比例不同,其冰点也不同,见表5-1。

冷却液的冰点与乙二醇质量分数的关系　　表5-1

冷却液冰点(℃)	乙二醇的质量分数(%)	水的质量分数(%)	冷却液冰点(℃)	乙二醇的质量分数(%)	水的质量分数(%)
-10	26.4	73.6	-40	52.3	47.7
-20	36.2	63.8	-50	58.0	42.0
-30	45.6	54.4	-60	63.1	36.9

在水中加入防冻剂除了降低冰点还有防止冷却液过早沸腾的作用。例如,含有50%乙二醇的冷却液在大气压力下的沸点是103℃。防冻冷却液中通常还加有添加剂,添加剂可防止冷却液腐蚀、沉积(水垢)、形成泡沫和过热。冷却液中一般还要加入着色剂,以便识别。

乙二醇型防冻冷却液有不同的牌号,应按汽车使用说明书的规定要求选用和定期更换防冻冷却液,见表5-2,不同牌号的防冻冷却液不可混用。

不同车型发动机冷却液更换周期　　表5-2

品牌车型	容量(L)	更换周期
大众帕萨特	6	60000km
吉利帝豪	6.5	每两年或40000km
长城哈弗	7.4	每两年或40000km

注:行驶里程和年数,以先达到者为准。

2　环保和安全注意事项

(1)环境保护。

①冷却液是一种对水有污染的液体,因此不允许将冷却液排入地表水域和下水道,作业时只能在防渗的地面上进行;

②废弃的冷却液必须单独盛装,并妥善保管和回收利用;

③沾上冷却液的抹布或物品，不得作为生活垃圾处理。

（2）安全措施。

①冷却液对人皮肤有损害，作业时应戴上个人防护装备；

②沾上冷却液的衣服或鞋子，必须立即脱下并更换；

③皮肤接触到冷却液，立即用水和肥皂清洗并彻底冲洗；

④眼睛接触到冷却液，应翻开眼皮并用流水冲洗眼睛几分钟；

⑤吸入冷却液，立即漱口并喝下大量的清水，然后尽快去医院治疗。

3 冷却液的使用

（1）要坚持常年使用冷却液。冷却液不但具有防冻功能，而且还具有防腐、防沸和防垢等作用，因此要坚持连续使用冷却液。

（2）正确选用冷却液。选用冷却液时，其冰点要低于环境最低温度10℃左右，要根据厂家的要求选择规定的冷却液。

（3）定期更换冷却液。冷却液在高温状态下长期使用后，必然会导致变质，从而使其性能下降。应按规定的周期定期更换冷却液。

（4）防止冷却液中毒。冷却液多为工业乙二醇水基型，对人体有一定的毒副作用。禁止采用嘴吸操作法，一旦沾到手上或身上等处时，应及时用水清洗干净。另外，冷却液中的防腐添加剂具有致癌性，废液不能乱倒，以免污染环境。

（四）冷却系统的主要零部件

1 散热器

散热器又称水箱，它将从水套流出来的高温冷却液自纵向或横向的分成许多小股"支流"，并通过散热片增大热量传导面积，将热量散到周围空气中，加速冷却液的冷却。

散热器由进水室、散热器芯和出水室等组成，如图5-5所示。

散热器上设置有加水口，冷却液由此注入整个冷却系统并用散热器盖盖住。在进水室和出水室之间分别装有进水管和出水管，进、出水管分别用橡胶软管与汽缸盖的出水管和水泵的进水管相连，这不但便于安装，而且当发动机和散热器之间产生少量位移时不会漏水。在散热器下

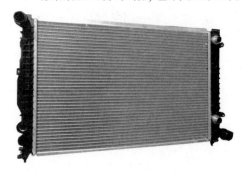

图5-5 散热器

面一般装有减振垫,防止散热器受振动损坏。在散热器的出水管上还有放水开关,必要时可将散热器内的冷却液放掉。

对散热器的要求是必须有足够的散热面积,而且所有材料导热性能要好,因此,散热器一般用黄铜或铝制成。

② 散热器盖

散热器盖(俗称水箱盖),散热器盖具有较高的密封性。其作用是使冷却系统保持一定的压力,提高冷却液的沸点。散热器盖分为开式水冷却系统用和闭式水冷却系统用两种。

开式水冷却系统的蒸汽排出管与大气相通,容易造成冷却液溢失和蒸汽逸出。目前汽车发动机多采用闭式水冷却系统,其散热器盖具有蒸汽阀和空气阀两个自动阀门,这是两个在弹簧作用下保持常闭状态的单向阀,平时水箱内部与水箱口上跟大气相通的蒸汽排出管是隔开的,可以防止水蒸气逸出。当水箱压力升高到126~137kPa时,冷却液沸点可达108℃,此时蒸汽阀开启使水蒸气顺管排出,如图5-6a)所示;而当水温下降时,水箱内水和蒸汽冷却收缩,会产生一定真空度10~20kPa,此时空气阀开启,如图5-6b)所示,空气进入冷却器,防止散热器被大气压瘪。

注意:当发动机处于热态时,不能直接打开散热器盖,以防高温水蒸气喷出引起烫伤。必要时可用抹布盖住散热器盖缓慢旋开,使冷却系统内压力逐渐降低,以免被喷出的热蒸汽烫伤。

图5-6 散热器盖结构

③ 补偿水桶

补偿水桶又称为冷却液补偿装置,其作用是为了防止防冻液损失,在水桶受热膨胀时,将多余防冻液进行回收,并当降温时重新将防冻液补偿回水桶,同时还能及时将冷却系统内的水、汽分离。补偿水桶多用半透明材料(如塑料)制成。透过箱体可直接方便地观察到液面高度,无需打开散热器盖,如图5-7所示。

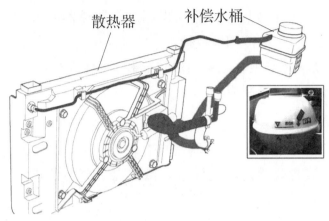

图 5-7 补偿水桶

④ 水泵

水泵的作用是对冷却液加压,使之在冷却系统中加速循环流动,保证冷却效果水泵主要由泵体、叶轮和水泵轴组成,叶轮一般是径向或向后弯曲的,其数目一般为6~9片,固定在水泵轴上,由曲轴皮带轮驱动工作,泵体固定安装在发动机缸体上,如图5-8所示。

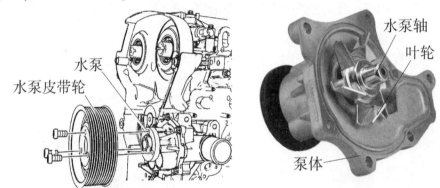

图 5-8 水泵结构

⑤ 冷却风扇

冷却风扇的功用是提高流经散热器的空气流速和流量,以增强散热器的散热能力并冷却发动机附件。冷却风扇多装在发动机与散热器之间。这样,当风扇转动时,对空气产生轴向吸力,气流从前到后通过散热器芯,从而使散热器芯中的冷却液加速冷却。

目前,在轿车上大多采用电动风扇,如图5-9所示。电动风扇系统一般由风扇叶片和电动机组成。根据冷却水温度变化,使风扇断续工作或以不同转速工作,现代汽车通过温度传感器判断发动机温度,从而实现对风扇的自动控制,以提高发动机的散热性能。

学习任务五 冷却系统的检查与维修

⑥ 节温器

节温器是控制发动机冷却液流动路径的阀门，控制发动机的大小循环。节温器一般装在汽缸盖的出水口，其结构主要由石蜡、弹簧、柱塞、主阀片和旁通阀片组成，如图5-10所示。节温器利用石蜡热胀冷缩的物理特性，与弹簧力相互作用，使阀片开度随发动机温度的变化而改变，实现冷却系统大小循环的控制。

图5-9　电动冷却风扇　　　　　图5-10　节温器结构

当发动机水温较低时，节温器阀体关闭，冷却液处于小循环状态，保证发动机快速升温，如图5-11a)所示。当发动机水温为80℃左右时，主阀门开始打开。水温超过90℃左右时，主阀门完全打开，而副阀门正好完全关闭了小循环通路，这时来自汽缸盖出水口的冷却液沿出水管全部进入散热器冷却，成为大循环，保证发动机有效进行散热冷却，如图5-11b)所示。

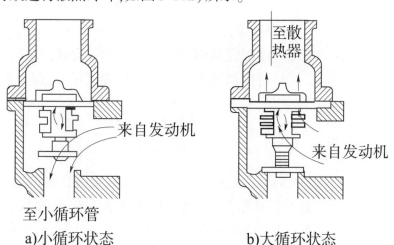

a) 小循环状态　　　　　b) 大循环状态

图5-11　节温器阀体状态

二 任务实施

(一)冷却液冰点检测

❶ 准备工作

(1)车辆冷却液。

(2)常用拆装工具。

(3)维修手册。

(4)量具:冰点检测仪。

❷ 操作步骤与技术规范

操作步骤与技术规范见表5-3。

操作步骤与技术规范　　　　表5-3

操作步骤	过　程	技术规范与操作要领
清洗量具	清洁并校准冰点检测仪	操作要领: (1)吸管及冰点检测仪需用蒸馏水清洗; (2)仪器在测量前需要校正零点。取蒸馏水数滴,放在检测棱镜上,拧动零位调节螺钉,使分界线调至刻度0%位置。然后擦净检测棱镜,进行检测; (3)冰点计为精密仪器,使用时应轻拿轻放
测量冷却液冰点	查看冷却液冰点	操作要领: (1)用吸管从储液罐中吸出少量冷却液; (2)将冷却液滴在冰点计的测试板上,盖上盖板; (3)双手将冰点计端平,对着光线良好的地方,眼睛通过目镜观察视场,转动目镜调节手轮,使视场的蓝白分界线清晰,读取冰点,分界线的刻度值即为溶液的冰点; (4)用吸管吸蒸馏水对冰点计进行清洁

续上表

操作步骤	过程	技术规范与操作要领
测量冷却液冰点	查看冷却液冰点	G12,G11代表乙二醇和水的配比　　G13代表丙二醇和水的配比

(二)更换冷却液

❶ 准备工作

(1)雪弗兰克鲁兹汽车。

(2)常用拆装工具。

(3)维修手册。

(4)量具:冰点检测仪。

(5)冷却液。

❷ 操作步骤与技术规范

操作步骤与技术规范见表5-4。

操作步骤与技术规范　　　　　　　　　　　　表5-4

操作步骤	过程	技术规范与操作要领
车内外防护	安装挡块	操作要领: 有效防护不仅可以保护车辆利于工作还是保证顾客满意度的必要措施
	安放前格栅布、翼子板布	

续上表

操作步骤	过程	技术规范与操作要领
车内外防护	安放转向盘套、换挡杆套、座椅垫、地板垫	
	车辆停放安全,拉起手刹,变速器置于空挡	
	安装尾气排放管	
冷却系统排放和加注的注意事项		(1)在有压力的冷却系统中,散热器内的冷却液温度比大气压力下冷却液的沸点高很多。当冷却系统未冷却且处在高压时,拆卸储液罐盖将导致溶液瞬间沸腾,并产生爆炸性力量,这将导致溶液喷射到发动机、翼子板和拆卸盖子的人员身上。可能导致严重的人身伤害; (2)必须按照厂家要求添加防冻液或配比防冻液; (3)如果散热器、汽缸盖或汽缸盖密封件已被更换,则不得重复使用用过的冷却液
排放冷却液	打开冷却液补偿水桶盖	操作要领: 打开冷却液补偿水桶盖时需防止冷却液喷溅,需用抹布包裹补偿水桶盖旋开一定角度,待卸除压力后再操作

续上表

操作步骤	过程	技术规范与操作要领
排放冷却液	举升车辆	操作要领： 将车辆举升至头顶高度，可靠停驻，并确认车下作业安全
	放置接水容器	操作要领： 将接水容器放置在散热器下方，正对于下水管与散热器出水接口处
	排放冷却液	操作要领： (1)旋下冷却液放水螺塞1，排放冷却液； (2)待冷却液不再流出，旋紧放水螺塞1
加注冷却液	加注冷却液	操作要领： (1)拆下散热器上的通气螺塞1后再旋进一个螺纹； (2)从冷却液储液罐口加注冷却液，注意当冷却液流出被松开的通气螺塞时，关闭通气螺塞孔；

续上表

操作步骤	过　程	技术规范与操作要领
加注冷却液	加注冷却液	(3)注入冷却液使液位至冷却液储液罐1上的排气嘴底线。当冷却液已停止下滴时,注入冷却液直至液位至下管孔底线(黑色箭头) 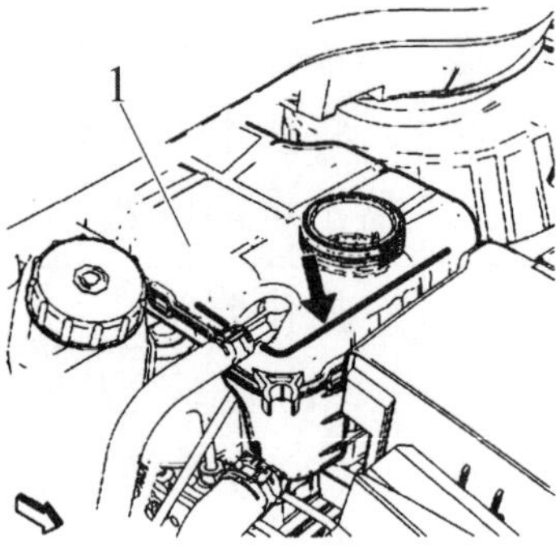
检查冷却液	暖机并检查冷却液	操作要领: (1)起动发动机; (2)使发动机预热,怠速转速最高为2500r/min预热发动机,直到散热器风扇运转; (3)关闭发动机并使之冷却; (4)检查冷却液液位,如果需要,根据焊接区1校正冷却液液位 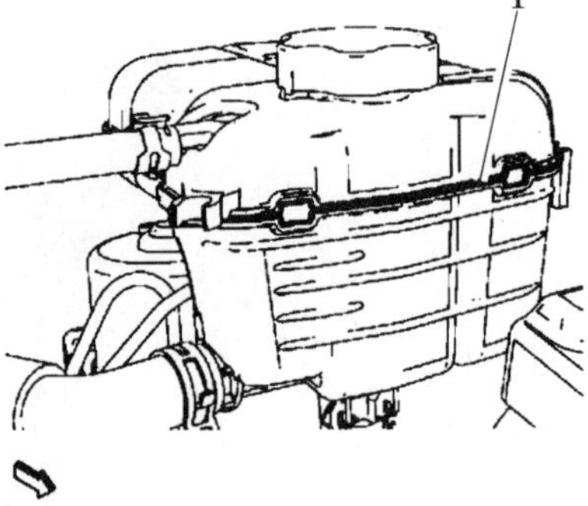

三　学习拓展

❶ 冷却系统温度过高

发动机冷却系统的技术状况,对其动力性、经济型及可靠性的影响很大。实验资料表明:当冷却液温度从90℃降到40℃时,燃料消耗量约增加30%,功率约降低10%;当冷却液温度从90℃升到120℃时,耗油量增加,功率却降低约5%。发动机的冷却液保持在80℃~90℃的温度最适宜。冷却系统常见故障有冷却系统温度过高、冷却系统温度过低、冷却液消耗异常等。

汽车在运行中冷却系统若温度过高会出现水温表指针指向红线,水温警示灯闪亮,甚至沸腾(俗称"开锅");发动机在加速时伴随有明显的金属敲击声,同时动力不足,发动机故障灯点亮等现象。

造成冷却系统温度过高的原因主要有:冷却系统水道中有水垢或其他杂物堵塞;水泵损坏;节温器失灵;风扇皮带打滑或断裂;风扇电机损坏;百叶窗关闭或开度不足;散热器损坏或堵塞;汽缸垫冲坏或缸体、缸盖出现裂纹,高温气体进入冷却系统;点火时间过迟或配气相位不对;发动机燃烧室积炭过多;空调冷凝器的冷却风扇不转,发动机长时间大负荷工作;冷却液严重不足;温度传感器故障;机油油量不足或黏度太大;混合气太浓或过稀等。

❷ 冷却系统温度过低

发动机运转过程中温升低于正常速度;水温表指示值低于正常工作温度;发动机乏力,排气管时有放炮声。

造成冷却系统温度过低的原因主要有:水温传感器损坏;节温器阀门常开;风扇电机线路故障导致风扇常开故障。

❸ 冷却系统消耗异常

冷却液消耗过快,需经常补充。

造成冷却液消耗过快的原因主要有:水管破裂或接头密封不良;水泵密封磨损过甚或损坏而漏水;汽缸垫渗漏;汽缸体或汽缸盖有裂纹;散热器损坏泄漏;散热器盖进、排气阀失灵使冷却液泄漏;补偿水桶盖泄漏等。

四 评价与反馈

❶ 自我评价

(1)通过本学习任务的学习你是否已经知道以下知识:
①冷却系统的作用是什么?请简述其基本组成。

②请简述冷却系统的工作原理?

③请简述冷却液的类型与使用注意事项？
_____

(2)冷却系统的检查项目有哪些？用到了哪些工具或量具？
_____

(3)实训过程完成情况如何？
☐独立完成； ☐合作完成； ☐部分完成； ☐未完成。

(4)通过本学习任务的学习，你认为自己的知识和技能还有哪些欠缺？
_____

签名：_____　　　　____年____月____日

❷ 小组评价

小组评价表见表5-5。

小组评价表　　　　　　　　　　　表5-5

序号	评价项目	评价情况
1	着装是否符合要求	
2	是否能合理规范地使用仪器和设备	
3	是否按照安全和规范的流程操作	
4	是否遵守学习、实训场地的规章制度	
5	是否能保持学习、实训场地整洁	
6	团结协作情况	

参与评价的同学签名：_____　　　____年____月____日

❸ 教师评价

_____

教师签名：_____　　　　____年____月____日

五 技能考核标准

❶ 冷却液冰点检测技能考核标准

冷却液冰点检测技能考核表见表5-6。

冷却液冰点检测技能考核 表 5-6

序号	项目	操 作 内 容	规定分	评 分 标 准	得分
1	清洗量具	清洁并校准冰点检测仪	30 分	（1）未用清水清洗，扣 10 分； （2）未用标准液校准，扣 10 分； （3）打开散热器盖时，卸压方法不正确，扣 10 分	
2	测量冷却液冰点	察看冷却液冰点	60 分	（1）没有将冰点计端平，对着光线良好的地方，扣 10 分； （2）未边观察边转动目镜调节手轮，扣 10 分； （3）读数不准确，扣 20 分； （4）查阅密度值错误，扣 10 分； （5）使用后未清洁，扣 10 分	
3	安全文明生产	安全放置、固定被检配件； 检测工具、设备使用方法、步骤符合安全要求； 操作过程必备安全防护用品佩戴齐全； 现场整洁	10 分	（1）不安全放置的，扣 2 分； （2）工具、设备使用方法不安全的，扣 3 分； （3）防护用品佩戴不齐全的，扣 3 分； （4）现场不整洁，扣 2 分	
		安全用电、防火，无人身、设备故障		因违规操作发生重大人身和设备事故，此题按 0 分记	
		分数合计	100 分	最终得分	

❷ 更换冷却液技能考核标准

更换冷却液技能考核表见表 5-7。

更换冷却液技能考核表　　　　　表 5-7

序号	操作环节	考核内容	规定分	评分标准	得分
1	车内外防护	车内防护	5 分	有漏项扣 5 分	
		车外防护	5 分	有漏项扣 5 分,若采取安全防护即时提醒	
2	排放冷却液	打开冷却液补偿水桶盖	15 分	方法不正确扣 15 分,若采取安全防护即时提醒	
		举升车辆	10 分	方法不正确扣 10 分,若采取安全防护即时提醒	
		排放冷却液	15 分	方法不正确扣 15 分,若采取安全防护即时提醒	
3	加注冷却液	加注冷却液	15 分	方法不正确扣 15 分	
		检查冷却液液位	25 分	未暖车扣 10 分 检查方法不正确扣 15 分	
4	安全文明生产	安全放置、固定被检配件； 检测工具、设备使用方法、步骤符合安全要求； 操作过程必备安全防护用品佩戴齐全； 现场整洁。	10 分	不安全放置的,扣 2 分； 工具、设备使用方法不安全的,扣 3 分； 防护用品佩戴不齐全的,扣 3 分； 现场不整洁,扣 2 分	
		安全用电,防火,无人身、设备故障		因违规操作发生重大人身和设备事故,此题按 0 分记	
		分数合计	100 分	最终得分	

学习任务六　润滑系统的检查与维修

 学习目标

知识目标

1. 掌握发动机润滑系统的结构组成及工作原理；
2. 掌握机油的流动路线及机油的分类、选用、环保及安全措施；
3. 了解机油滤清器、机油泵的作用和基本工作原理。

技能目标

1. 能正确规范的完成带机油泵的发动机前盖的更换；
2. 能对机油压力开关进行拆装与检测，完成润滑系常见故障的诊断与排除；
3. 能正确规范完成冷却水泵的更换。

建议课时

12课时。

车主反映"机油压力警告灯亮"，经检查机油压力始终低于规定值，需要对润滑系统进行检查，确定故障部位并进行维修。

一 理论知识准备

(一)润滑系统的功用及分类

1 发动机润滑系统的功用

发动机润滑系统是发动机正常运行的一个重要保障系统,主要起润滑、清洁、密封、防锈、冷却、液压的作用。

(1)润滑作用:在摩擦副表面形成油膜,减少机件间的磨损。

(2)清洁作用:润滑油在循环工作时带走金属磨粒、杂质等。

(3)密封作用:利用油膜可以增强活塞环与汽缸壁之间的密封性。

(4)防锈作用:在金属表面形成油膜可以防止零件生锈。

(5)冷却作用:润滑油在循环工作时可以吸收并带走零件的热量。

(6)液压作用:发动机润滑油能兼做液压油,起传力作用,如液力挺柱。

2 润滑剂的分类

汽车发动机润滑系统所用的润滑剂有润滑油(机油)和润滑脂(黄油)两种。

(1)润滑油。润滑油是由石油提炼而成的,一般通过热蒸馏得到,加热的温度范围为350℃~500℃,此时的石油流出物称为润滑油。润滑油的主要性能指标有:

①黏度。机油的黏度指机油在外力作用下流动时,分子间的内聚力阻碍分子间的相对运动,产生一种内摩擦力所表现出来的性质。它是评价机油品质的主要指标,通常用运动黏度来表示。在未加任何功能添加剂的前提下,黏度越大,油膜强度越高,流动性越差。

②温度-黏度特性。温度-黏度特性是指机油的黏度随温度变化而变化的性质。机油温度高则黏度小,因而夏季可能因机油过稀而使发动机不能得到可靠润滑;机油温度低则黏度大,因而冬季可能因为机油黏度大、流动性差,从而导致机油不能输送到零件摩擦表面的间隙中。

③腐蚀性。低温性是指机油在低温下的流动性。机油的低温性能好,发动机在低温下容易起动,可有效地润滑机件。

④安定性。安定性是指机油在一般情况下抵抗氧化性质的性能。机油的安定性好,说明机油不容易氧化变质,存放的时间可以长一些。

⑤腐蚀性。机油的腐蚀性指机油对金属及其他物质产生腐蚀作用的性质。通常要求机油的腐蚀性小,这对润滑系统的零部件与发动机的腐蚀性就小。

（2）润滑脂。润滑脂的主要性能指标有：

①锥入度。锥入度是指润滑反映的软硬、稠密程度和流动性。锥入度越小，则润滑反应越硬、越稠，不易进入和充满摩擦表面，而且摩擦阻力大。润滑脂的锥入度也随温度的升高而增大。当温度过高，润滑脂肢体分解，丧失稠度，润滑脂即失效。

②滴点。滴点是指润滑脂在规定条件下加热熔化，开始滴下第一滴时的温度。它表示润滑脂的耐热能力。

③耐水性。耐水性是指润滑脂与水接触时保持其他性能稳定的程度。

（3）常见机油的分类，见图6-1所示。

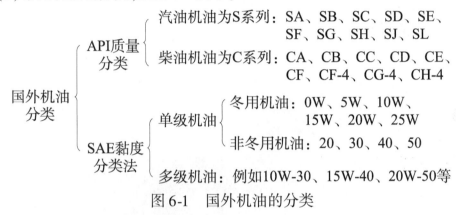

图6-1　国外机油的分类

（二）润滑系统的组成

发动机的润滑系由油底壳、集滤器、机油泵、机油滤清器、油道等组成，如图6-2所示。

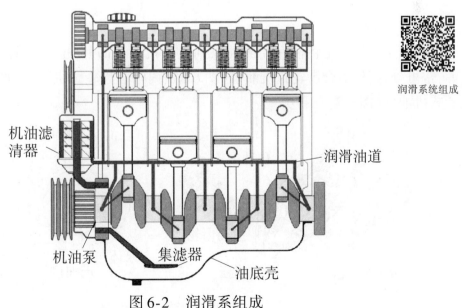

图6-2　润滑系组成

❶ 油底壳

油底壳用来储存发动机润滑油,并封闭曲轴箱,通常设有隔板,以保证汽车在颠簸不平状态时的稳定供油,如图6-3所示。

油底壳结构

图6-3 油底壳

❷ 机油集滤器

机油集滤器的作用是在机油泵之前,滤去机油内的大颗粒杂质,如图6-4所示。

图6-4 机油集滤器

❸ 机油泵

机油泵的作用是将油底壳的油泵到发动机各个部分,也是机油循环的动力源,常可分为:外啮合齿轮式机油泵(图6-5)、内啮合齿轮式机油泵(图6-6)和转子式机油泵(图6-7)三种类型。

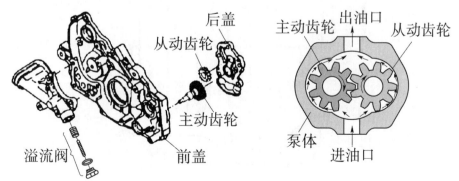

图6-5 外啮合齿轮式机油泵

学习任务六　润滑系统的检查与维修

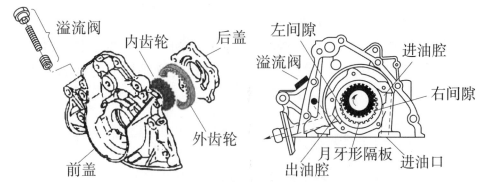

图 6-6　内啮合齿轮式机油泵

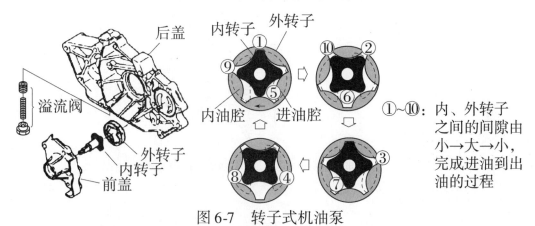

图 6-7　转子式机油泵

❹ **机油滤清器**

机油滤清器的作用是清除机油中的污染物,例如细小金属颗粒等,保持机油洁净,如图 6-8 所示。它有一个单向阀,当发动机停机时使机油保持在滤清器中,保证发动机在起动时滤清器总有机油。它还有一个释放阀,当滤清器堵塞时保证有油输送到发动机油道内。

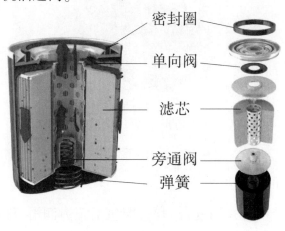

图 6-8　机油滤清器

5 机油压力传感器及警告灯

机油压力警告灯安装在仪表板上,当安装在润滑系统油道上的机油压力传感器检测到润滑系统中的机油压力低于规定值时,仪表板上的机油压力警告灯就会点亮,向驾驶人报警,如图6-9所示。

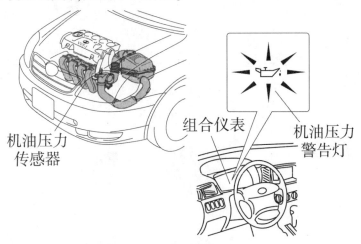

图6-9 机油压力警告灯

(三)机油的流动路线

润滑系的油路如图6-10和图6-11所示。

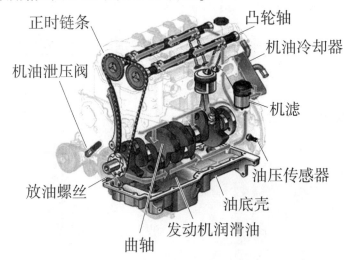

图6-10 润滑系循环线路

(四)发动机的润滑方式

发动机润滑系统一般采用复合润滑,即包括压力润滑、飞溅润滑和润滑脂润滑三种方式,发动机各零件的润滑方式取决于该零件的工作环境、相对运动速度和承受机械负荷、热负荷的大小。

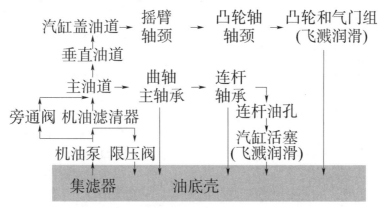

图6-11　润滑系循环线路及润滑方式

（1）压力润滑。压力润滑方式就是在汽缸体或汽缸盖上设置专门的润滑油道，利用机油泵使润滑油建立一定的压力，通过润滑油道向零件的润滑面输送润滑油，润滑油在进入主油道前，要先经过粗滤器过滤。

（2）飞溅润滑。飞溅润滑方式主要是利用发动机工作时某些运动零件（主要是曲轴和凸轮轴）旋转时搅起的油雾，或从连杆大头上专设的油孔喷出的油滴和油雾，对摩擦表面进行润滑，这种润滑方式适合于暴露的零件表面（如汽缸壁、凸轮等）、相对运动速度较低的零件（如活塞销等）、机械负荷较轻的零件（如挺柱等）的润滑。

（3）润滑脂润滑。润滑脂润滑方式主要是定期加注润滑脂来进行润滑，适合于发动机辅助系统（如发电机、分电器等）的润滑。

（五）机油的使用及注意事项

❶ 机油的分类

选择机油的牌号时，必须按车辆发动机的工作条件来选择相应质量等级的机油，如图6-12所示；必须按车辆使用环境温度来选择相应黏度等级的机油，如图6-13所示。

❷ 机油的更换周期

发动机机油使用后会变脏、变黑，逐渐变质，润滑效果降低，必须定期更换。检查周期为每2000km或3个月；更换周期随着车辆型号、使用情况而有所不同，一般为7500km或6个月。此外，发动机机油在正常情况下也会有轻微的损耗，主要由于活塞的刮油以及气门反复开合导致的滴漏，如图6-14所示，所以机油需定期检查、补充。

汽油机			柴油机		
API	维修及机油说明	质量	API	维修及机油说明	质量
SL SJ SH SG	适用于在各种条件下工作的发动机	高 ↑	CF-4	提供比CF分类更好的特性和质量	高 ↑
			CF	提供比CE分类更好的洗洁剂弥散和抗热性能	
SF	适用于在连续高速、高件并且反复停机—开机条件下工作的发动机		CE	适用于在低速、高负载条件和高速高负载条件下工作的发动机	
SE	适用于在比SD分类更严酷的条件下工作的发动机		CD	适用于在高速、高功率输出条件下工作的发动机	
			CC	适用于在比CB分类更严酷的条件下工作的发动机	
SD SC SB SA		低	CB CA		低

图 6-12 机油质量等级与发动机性能

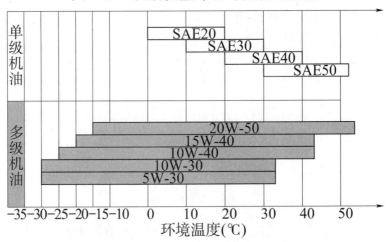

图 6-13 机油黏度等级与环境温度关系

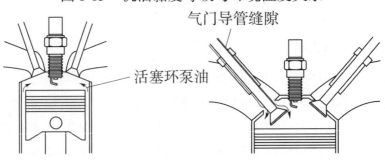

图 6-14 机油损耗示意图

学习任务六 润滑系统的检查与维修

❸ 环境保护

(1)机油会对水形成污染,不允许排入地表水域和下水道,只能在防渗的地面上进行作业。

(2)机油是易燃品,存放和作业必须远离火源。

(3)废弃的机油要单独盛装,并妥善保管和回收。

(4)沾上机油的抹布或物品,不得作为生活垃圾处理。

❹ 安全措施

(1)机油对人皮肤有损害,作业时应戴上防护手套和防护服。

(2)沾上机油的衣服或鞋,必须及时更换。

(3)皮肤上撒上机油,立即用水和肥皂清洗,勿用汽油或溶剂作为清洁品。

(4)眼睛接触到机油,用水认真冲洗,然后尽快去医院治疗。

二 任务实施

(一)带机油泵的发动机前盖的更换

❶ 准备工作

(1)科鲁兹轿车 LDE 发动机总成(拆除附件);

(2)维修手册;

(3)常用拆装工具

❷ 操作步骤与技术规范

操作步骤与技术规范见表6-1。

操作步骤与技术规范　　　　　　　　　　　　表6-1

操作步骤	过程	维修规范与操作要求
拆卸带机油泵的发动机前盖	拆卸发动机前盖	操作要领: (1)拆下油底壳; (2)拆下8个发动机前盖螺栓2、3; (3)拆下发动机前盖4; (4)拆下发动机前盖密封件1。

续上表

操作步骤	过程	维修规范与操作要求
拆卸带机油泵的发动机前盖	拆卸发动机前盖	提示：机油泵在发动机前盖中的安装位置
安装带机油泵的发动机前盖	安装带机油泵的发动机前盖	技术规范： 发动机前盖螺栓：20N·m。 操作要领： (1)清洁密封面； (2)安装一个新的发动机前盖密封件1； (3)安装发动机前盖4。 (4)安装8个发动机前盖螺栓2、3并紧固至规定力矩； (5)安装发动机油底壳

学习任务六 润滑系统的检查与维修

(二)机油压力及开关检测

❶ 准备工作

(1)雪弗兰克鲁兹汽车及机油压力开关。

(2)维修手册。

(3)常用拆装工具。

(4)专用工具:EN-498-B 机油压力表、EN-232 机油压力检查适配器。

(5)万用表。

❷ 操作步骤与技术规范

操作步骤与技术规范见表6-2。

操作步骤与技术规范　　　　　　　表 6-2

操作步骤	过程	维修规范与操作要求
检测机油压力开关	拆卸机油压力开关	操作要领： 拆下机油压力开关1
	检查机油压力开关	操作要领： (1)使用万用表电阻挡测量机油压力开关针脚与金属壳体的导通情况,万用表应显示低阻导通状态;

续上表

操作步骤	过程	维修规范与操作要求
检测机油压力开关	检查机油压力开关	(2)向机油压力开关施加一定气压吹起,使开关断开,利用万用表测量针脚与金属壳体的状态,应处于断开状态
	安装机油压力开关	技术规范: 机油压力开关规定力矩:20N·m。 操作要领: 安装机油压力开关并紧固至规定力矩
测试机油压力	安装机油压力表	操作要领: (1)必要时,拆下排气歧管隔热罩; (2)拆下封闭螺栓1; (3)清洁螺纹; (4)安装 EN-498-B 机油压力表2; (5)安装 EN-232 适配器1

续上表

操作步骤	过程	维修规范与操作要求
测试机油压力	检查机油压力	技术规范： 怠速时，机油压力必须为至少 130kPa，且机油温度必须为 80℃ 操作要领： (1)起动发动机； (2)怠速时，检查机油压力是否符合要求
	拆除机油压力表，装复封闭螺栓	技术规范： 封闭螺栓：15N·m。 操作要领： (1)关闭发动机，拆下 EN-232 适配器和 EN-498-B 机油压力表； (2)将新的封闭螺栓安装在汽缸盖中，并紧固至规定扭矩； (3)检查发动机机油液位

三 学习拓展

❶ 润滑系统的常见故障

润滑系统的异常现象主要有机油压力过低、压力过高和消耗过多。

(1)机油压力过低。

机油压力过低会造成发动机润滑不足，加剧发动机零部件的磨损，影响发动机的寿命。可能的原因是：机油压力传感器效能不佳；机油过稀、机油黏度降低；机油泵供油能力不足；机油管路有泄漏；机油限压阀调整不当、关闭不严或其弹簧折断；机油集滤器滤网堵塞；曲轴主轴承、连杆轴承或凸轮轴轴承磨损、间隙过大或轴承盖松动。

(2)机油压力过高。

机油压力过高会造成油封油管损坏，消耗过多的发动机动力，可能的原因是：机油黏度过大；机油限压阀弹簧过硬，弹簧压力调整过大，脏物使阀门不能打开；细滤器功能下降；曲轴主轴承、连杆轴承或凸轮轴轴承间隙过小；机油压力表或其传感器工作不良。

(3) 机油消耗过多。

如果机油消耗量超过规定值称为机油消耗过多,机油消耗过多主要是由泄漏和烧机油造成的。原因主要有:活塞环方向装反,活塞环抱死,或其开口转到一起,活塞环磨损,活塞环端隙、边隙或背隙过大,其弹力不足;气门杆油封损坏,进气门导管磨损;活塞与缸壁间隙过大等造成烧机油;曲轴箱通风不良导致油底壳或气门室盖漏油。

❷ 润滑系统故障诊断流程

润滑系统故障诊断流程如图 6-15 所示。

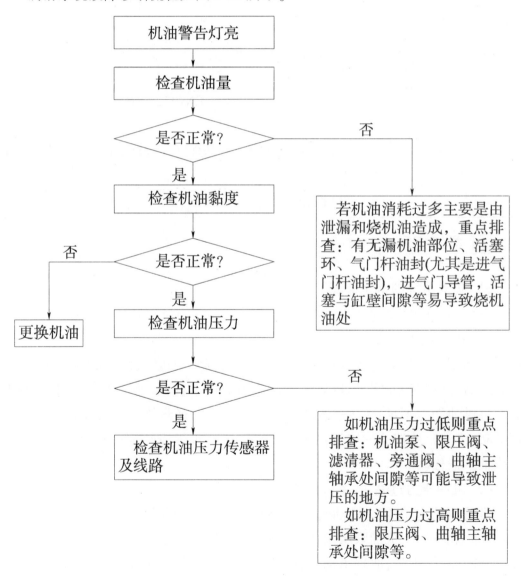

图 6-15 润滑系统故障诊断流程

学习任务六 润滑系统的检查与维修

四 评价与反馈

❶ 自我评价

(1)通过本学习任务的学习你是否已经知道以下知识:

①润滑系统的作用是什么?请简述其基本组成。

_____。

②请简述机油的流动路线。

_____。

③机油是如何分类的?选用及使用的注意事项有哪些?

_____。

(2)机油泵的拆装与机油压力开关的检测分别用到了哪些工具?

_____。

(3)实训过程完成情况如何?

□独立完成; □合作完成; □部分完成; □未完成。

(4)通过本学习任务的学习,你认为自己的知识和技能还有哪些欠缺?

_____。

签名:_____   ____年___月___日

❷ 小组评价

小组评价表见表6-3。

小组评价表　　　　　　　　表6-3

序号	评价项目	评价情况
1	着装是否符合要求	
2	是否能合理规范地使用仪器和设备	
3	是否按照安全和规范的流程操作	
4	是否遵守学习、实训场地的规章制度	
5	是否能保持学习、实训场地整洁	
6	团结协作情况	

参与评价的同学签名:_____   ____年___月___日

③ 教师评价

_____
_____。

教师签名：_____　　　_____年____月____日

五 技能考核标准

❶ 带机油泵的发动机前盖的更换技能考核标准

带机油泵的发动机前盖的更换技能考核表见表6-4。

带机油泵的发动机前盖的更换技能考核表　　表6-4

序号	项目	操作内容	规定分	评分标准	得分
1	车内外防护	车内外防护	20分	(1)未安装挡块，扣5分； (2)未安插烟道，扣5分； (3)未正确安装座椅套、转向盘套、地板垫，扣5分； (4)未正确安装前格栅布和翼子板布，扣5分	
2	拆卸带机油泵的发动机前盖	拆卸发动机前盖	30分	(1)拆油底壳方法不正确，扣10分； (2)拆下发动机前盖方法不正确，扣10分； (3)未拆下发动机前盖密封件，扣10分	
3	安装带机油泵的发动机前盖	安装带机油泵的发动机前盖	40分	(1)未清洁密封面，扣10分； (2)未安装一个新的发动机前盖密封件，扣5分； (3)安装发动机前盖，方法不正确，扣5分； (4)发动机前盖螺栓，未紧固至规定扭矩，扣10分； (5)安装发动机油底壳，方法不正确，扣10分	

续上表

序号	项目	操 作 内 容	规定分	评 分 标 准	得分
4	安全文明生产	安全放置、固定被检配件；检测工具、设备使用方法、步骤符合安全要求；操作过程必备安全防护用品佩戴齐全；现场整洁	10分	(1)不安全放置的,扣2分；(2)工具、设备使用方法不安全的,扣3分；(3)防护用品佩戴不齐全的,扣3分；(4)现场不整洁,扣2分	
		安全用电,防火,无人身、设备故障		因违规操作发生重大人身和设备事故,此题按0分记	
	分数合计		100分	最终得分	

2 机油压力及开关检测技能考核标准

机油压力及开关检测技能考核表见表6-5。

机油压力及开关检测技能考核表　　　表6-5

序号	项目	操 作 内 容	规定分	评 分 标 准	得分
1	检测机油压力开关	拆卸机油压力开关	5分	拆下机油压力开关,方法不正确,扣5分	
		检查机油压力开关	30分	(1)万用表挡位选择错误,扣10分；(2)测量方法不正确,扣10分；(3)判断结果不正确,扣10分	
		安装机油压力开关	10分	安装机油压力开关,未紧固至规定扭矩,扣10分	

续上表

序号	项目	操作内容	规定分	评分标准	得分
2	测试机油压力	安装机油压力表	15分	(1)拆下封闭螺栓,未清洁螺纹,扣5分; (2)安装 EN-498-B 机油压力表及 EN-232 适配器,方法不正确,扣10分	
		检查机油压力	20分	(1)检查机油压力,方法不正确,扣10分; (2)结论判断不正确,扣10分	
		拆除机油压力表,装复封闭螺栓	10分	(1)将新的封闭螺栓安装在汽缸盖中,未紧固至规定扭矩,扣5分; (2)未检查发动机机油液位,扣5分	
3	安全文明生产	安全放置、固定被检配件; 检测工具、设备使用方法、步骤符合安全要求; 操作过程必备安全防护用品佩戴齐全; 现场整洁	10分	(1)不安全放置的,扣2分; (2)工具、设备使用方法不安全的,扣3分; (3)防护用品佩戴不齐全的,扣3分; (4)现场不整洁,扣2分	
		安全用电、防火,无人身、设备故障		因违规操作发生重大人身和设备事故,此题按0分记	
	分数合计		100分	最终得分	

学习任务七　燃油供给系统的检查与维修

　学习目标

★　知识目标

1. 掌握燃油供给系的功用与组成；
2. 掌握空气供给装置的功用与组成；
3. 掌握空气供给装置的检查与维护；
4. 掌握燃油供给装置的功用与组成；
5. 了解汽油的分类及注意事项；
6. 了解废气排出装置的功用与组成。

★　技能目标

1. 能按照操作标准释放燃油系统压力；
2. 能按照操作标准完成燃油压力测试。

　建议课时

6课时。

某车无法起动，但起动机运转正常。经检查，初步判断是燃油系统故障所致，需要对燃油供给装置进行检查，确定故障部位并进行维修。

一 理论知识准备

(一)燃油供给系的功用与组成

汽油机所用的燃料是汽油和空气形成的可燃混合气。可燃混合气进入汽缸内被压缩,在接近压缩终了时点火燃烧而膨胀做功,做功后将废气排出。因此燃油供给系的任务是根据发动机不同情况和要求,提供一定数量和浓度的可燃混合气,最后还要把燃烧后的废气排出汽缸,所以它包括三个部分:

(1)空气供给装置:空气滤清器、节气门体、进气管路;

(2)燃油供给装置:汽油油箱、汽油泵、汽油滤清器、油管;

(3)废气排出装置:排气管道、排气消音器,三元催化转换器。

(二)空气供给装置的功用与组成

空气供给装置的功用是向发动机提供燃烧所需要的清洁空气,主要由空气滤清器、节气门体、进气管路构成,如图7-1所示。

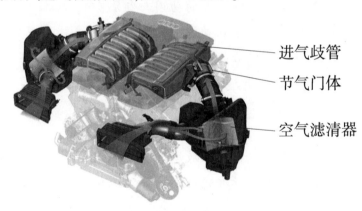

图 7-1 空气供给装置

❶ 空气滤清器

空气滤清器一般位于发动机舱内,装在前端进气软管的塑料盒内,如图7-2所示。空气滤清器是发动机进气系统的过滤器,能防止泥沙灰尘等杂质进入汽缸,避免发动机的异常磨损。如果滤芯被堵塞,则发动机的进气量将减少,发动机的输出功率会降低,燃油经济性变差。

❷ 节气门体

节气门体主要控制发动机的进气量,检测节气门的位置,并将信号输给发动机控制单元,为实现怠速控制、喷油控制和点火控制提供基本参数。

学习任务七　燃油供给系统的检查与维修

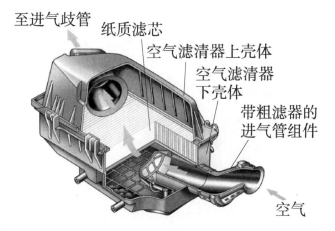

图 7-2　空气滤清器

节气门体按控制方式分为机械式和电子式。机械节气门体主要由节气门和怠速控制装置组成,怠速控制装置主要由怠速电机、应急弹簧、节气门电位计、怠速节气门电位计和怠速开关等构成,如图 7-3 所示。

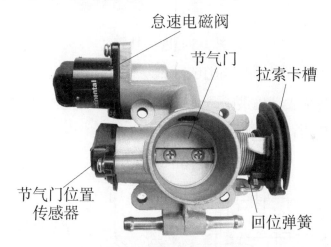

图 7-3　机械节气门

电子节气门体结构比较简单,与电子油门踏板配套使用,控制精度高,在汽车上应用逐渐增多,如图 7-4 所示。

❸ 进气管路的作用与结构

进气管路主要为发动机吸入的空气或可燃混合气提供相对密封的通道,进行预热并将其导入汽缸中。

进气管路分为进气总管及和进气歧管(图 7-5),进气总管一般是塑料软管,管道直径较大,一般还装有测量发动机进气量的传感器。进气歧管一般由铝合金或复合材料制成,数量与发动机缸数相同。

169

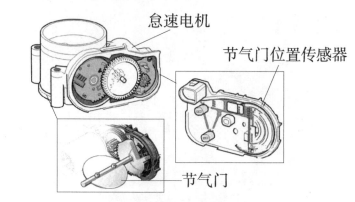

图 7-4　电子节气门

图 7-5　进气歧管

(三) 燃油供给装置的功用与组成

燃油供给装置向发动机供应燃油,并清除燃油内的杂质和灰尘,还能起到了调节燃油压力的作用,主要构成如图 7-6 所示。

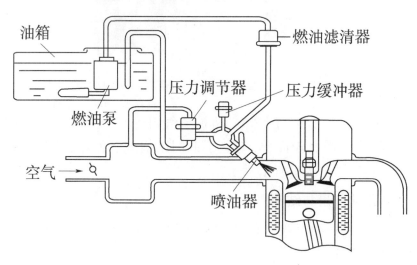

图 7-6　燃油供给装置

(1) 油箱:存储燃油。
(2) 燃油泵:将燃油从油箱抽送到发动机。

(3)燃油滤清器:清除燃油内的杂质和灰尘。

(4)压力调节器:调节燃油压力,使其始终保持在最佳水平从而稳定地注入燃油。

(5)喷油器:将燃油注射到相应的进气歧管或汽缸。

(6)燃油箱盖:密封燃油箱,并保持油箱中压力不变。

❶ **燃油泵**

燃油泵如图7-7所示,可以将燃油从燃油箱泵到发动机,按照安装方式可分为:内装式和外装式,内装式位于燃油箱内,外装式位于燃油管中间。

❷ **喷油器**

喷油器喷射的燃油与空气混合,如图7-8所示,混合气被送到汽缸燃烧。为了获得最佳空燃比,ECU可以调节喷射时间和喷射量。

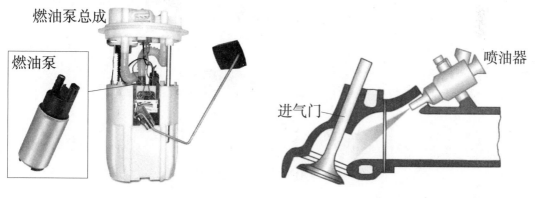

图 7-7 电动燃油泵　　　　　图 7-8 喷油器

❸ **燃油滤清器**

燃油滤清器用于清除燃油中的杂质,以防止被吸入喷油器而造成堵塞。根据安装位置不同,可以分为外置式和内置式两种,如图7-9所示,其中内置式燃油滤清器安装在油泵总成内。

燃油滤清器一般采用纸滤芯,燃油滤清器的滤芯应根据车辆行驶里程、使用的燃油质量情况及时更换,以确保发动机稳定行驶,提高可靠性。不同车型燃油滤清器的更换周期不同,应根据车辆说明书上的更换周期进行更换,常见发动机的燃油滤清器的更换周期40000~60000km。

❹ **燃油分配管**

燃油分配管的功用是将燃油均匀、等压地输送给各缸喷油器。由于它的容积较大,故有储油蓄压、减缓油压脉动的作用。燃油分配管的结构如图7-10所示,在其上装有喷油器、油管和燃油压力传感器,以前的发动机燃油分配管上还安装有燃油压力调节器,但现在该调节器一般都安装在燃油泵总成上。

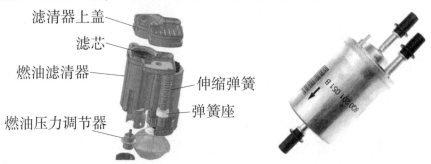

a)内置式燃油滤清器　　　b)外置式燃油滤清器

图7-9　燃油滤清器

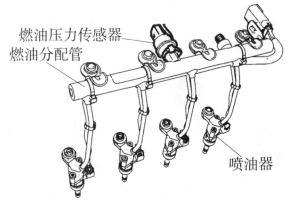

图7-10　燃油分配管

5　燃油压力调节器

燃油压力调节器的作用是调节燃油供给系统油压,保持系统压差(燃油压力与进气歧管压力)或压力恒定。压力调节器根据安装位置的不同,可分为外置式和内置式两种。外置式燃油压力调节器安装在燃油分配管上,内置式燃油压力调节器与燃油泵一起装在油箱里,安装在燃油泵总成上,如图7-11所示。

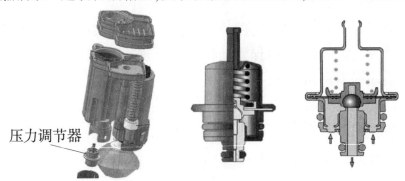

图7-11　内置式燃油压力调节器

(四)汽油的分类及注意事项

❶ 汽油的分类

我国车用汽油分类主要以辛烷值为基础,测定辛烷值的方法有马达法和研究法。目前我国用研究法辛烷值(RON)表示汽油的牌号,如 92 号、95 号和 98 号。压缩比高的发动机选用辛烷值高的汽油,反之,可选用辛烷值低的汽油。汽油牌号越高,其抗爆性越好,但价格也越高。

❷ 汽油的环境保护

(1)汽油是对水有污染的物质,不能让汽油流入下水道,作业时,只能在防渗的地面上进行。

(2)汽油非常易燃,会引起火灾和爆炸,进行接触汽油的工作时,必须禁止明火和吸烟,汽油存放必须远离火源。

(3)有汽油溢出时,必须立即用吸附剂进行处理。

(4)用合适的容器收集污染过的汽油和汽油滤清器,并妥善保管和回收利用。

(5)沾上汽油的抹布或物品,不得作为生活垃圾处理。

❸ 安全措施

(1)汽油会刺激人的皮肤,可以致癌。应避免使汽油接触到皮肤、眼睛或衣服。

(2)沾上汽油的衣服或鞋,必须立即更换。

(3)皮肤接触到汽油后,立即用水和肥皂清洗。

(4)汽油溅入眼睛后,用水彻底冲洗。

(5)汽油蒸气吸入体内后,多呼吸新鲜空气,出现呼吸困难时应尽快去医院治疗。

(6)吞食汽油后,千万不要催吐,因为液态汽油可能会进入肺部,应立即去医院治疗。

(五)燃油箱蒸发排放控制装置

挥发性好的汽油在燃油箱内挥发,直接将挥发的汽油蒸气排到大气中会污染环境,为此设置了燃油箱蒸发排放控制装置,如图 7-12 所示,将活性炭罐与燃油箱相连接,挥发的汽油蒸气被吸附在活性炭上。发动机工作时,活性炭罐电磁阀通电打开,被吸附在活性炭上的汽油蒸汽即可被吸入汽缸并燃烧。

(六)废气排出装置的功用与组成

废气排出装置可以改善发动机的排放性能,从而提高发动机效率;减少有害气体排放和噪声,主要由排气歧管、三元催化器、排气管、消声器组成,如图 7-13 所示。

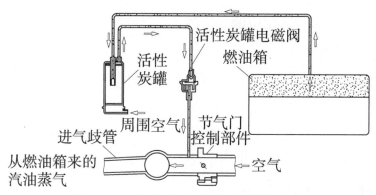

图 7-12　燃油箱蒸发排放控制装置

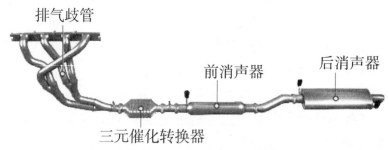

图 7-13　废气排出装置

三元催化器,如图 7-14 所示,可以减少一氧化碳(CO)、碳氢化合物(HC)、氮氧化物(NO_x)等有害气体的排放。

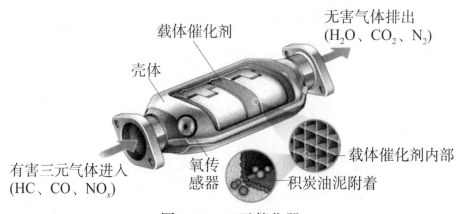

图 7-14　三元催化器

二　任务实施

(一) 燃油滤清器更换

1 准备工作

(1) 别克威朗整车。

学习任务七 燃油供给系统的检查与维修

(2)维修手册。

(3)常用拆装工具。

(4)诊断仪、螺塞、干粉化学灭火器、千斤顶。

❷ 操作步骤与技术规范

操作步骤与技术规范见表7-1。

操作步骤与技术规范　　　　　　　表7-1

操作步骤	过程	维修规范与操作要求
燃油管路泄压	切断油泵继电器工作	操作要领： (1)连接故障诊断仪至车辆诊断口； (2)操作诊断仪驱动燃油泵继电器，让其处于断开状态，从而切断低压油泵工作电路，使油泵不工作
	泄除管路燃油压力	操作要领： (1)起动发动机； (2)让发动机怠速运转直至发动机熄火； (3)使用诊断仪读取燃油管路压力数据，确认燃油压力是否降至很小或没有，如果仍然存在一定压力，可继续多次起动发动机，直至泄去管路内油压。 　说明：作业过程中，如果诊断仪没有驱动燃油泵继电器的功能，可以直接断开燃油泵继电器或油泵电路相关连接器，再多次起动发动机进行泄压
拆卸	拆卸前准备工作	技术规范： 　汽油为易燃危险品，拆卸过程中会有管路残余汽油泄漏，必须做好防火工作，作业场地配备灭火工具，严格按照技术规范操作。 操作要领： (1)断开蓄电池负极电缆； (2)将车辆举升至合适高度

续上表

操作步骤	过　程	维修规范与操作要求
拆卸	断开燃油管路	操作要领： (1)断开中间燃油管路2与燃油滤清器3的连接头； (2)断开燃油管路1与燃油滤清器3的连接头； (3)用螺塞堵住燃油管路接口
	拆卸燃油滤清器	操作要领： (1)转动燃油滤清器1至卡扣3与滤清器边缘2脱开； (2)沿着箭头方向倾斜燃油滤清器1； (3)从蒸气活性炭罐1上拆下燃油滤清器2

续上表

操作步骤	过程	维修规范与操作要求
安装	更换安装新燃油滤清器	操作要领： (1)将新燃油滤清器 2 安装至卡扣 3 所需要位置； (2)沿着箭头方向倾斜燃油滤清器 1； (3)转动燃油滤清器 2 至卡扣 1 位于边缘 3 对应位置
	连接燃油管路	操作要领： (1)从燃油管接口处拆下螺塞； (2)将燃油管路 1 和 2 与燃油滤清器 3 对应接口连接，确认连接到位可靠，不会因为燃油压力或抖动而断开； (3)降低车辆，连接蓄电池负极电缆，如果拆卸了油泵控制电路连接器或继电器，恢复连接；

续上表

操作步骤	过程	维修规范与操作要求
安装	连接燃油管路	（4）起动发动机，观察发动机是否正常工作，燃油管路是否存在泄漏

（二）燃油压力测试

❶ 准备工作

（1）雪弗兰克鲁兹整车；

（2）常用拆装工具；

（3）维修手册；

（4）专用工具：EN-3473091 测试仪。

❷ 操作步骤与技术规范

操作步骤与技术规范见表7-2。

操作步骤与技术规范　　　　表7-2

操作步骤	过程	技术规范与操作要领
释放燃油系统压力	断开燃油泵继电器	操作要领： （1）拔下燃油泵继电器； （2）起动发动机，当发动机运转至熄火后，再次起动发动机1~2次，直至燃油管路内的油压释放完成。

续上表

操作步骤	过程	技术规范与操作要领
释放燃油系统压力	起动发动机释放燃油供给系统内的油压	警告：汽油或汽油蒸气非常容易燃烧。如果存在火源，可能导致火灾。为防止火灾或爆炸危险，切勿使用敞口容器排出或存放汽油或柴油。请在附近准备一个干式化学（B级）灭火器
检测读取燃油压力	安装燃油压力表	技术规范： 燃油供给系统油压：380kPa。 操作要领： （1）将保护盖从测试连接上拆下； （2）将 EN-3473091 测试仪（1）连接至测试连接处；
	读取燃油压力	
	恢复	（3）起动发动机： 怠速时放出压力测试仪中的空气； 将流出的燃油收集到合适的容器中； 从压力表上读取燃油压力。 注意：在进行任何断开操作之前，清理以下所有部位，以免污染系统：燃油管接头、软管接头、接头周围部位。 （4）将压力表 EN-34730-91 测试仪从测试连接处断开

(三)喷油器更换

❶ 准备工作

(1)雪弗兰克鲁兹整车。

(2)维修手册。

(3)常用拆装工具。

(4)CH-41769 工具组件、CH-807 塞。

❷ 操作步骤与技术规范

操作步骤与技术规范见表 7-3。

操作步骤与技术规范　　　　　表 7-3

操作步骤	过　程	维修规范与操作要求
拆卸	拆卸附件	操作要领： (1)打开发动机舱盖； (2)断开蓄电池负极电缆； (3)拆卸曲轴箱强制通风管； (4)断开蒸发排放吹洗阀、喷油器及进气歧管压力传感器的线束连接器
	燃油管路卸压	技术规范： 汽油为易燃危险品,拆卸过程中会有管路残余汽油泄漏,必须做好防火工作,作业场地配备灭火工具,严格安装技术规范操作。 操作要领： (1)在发动机下方放置一个接液盘； (2)用带 EN-34730-91 表的测试连接泄去燃油压力； (3)用 CH-41769 工具组件断开燃油供油管 1 的快速释放接头；

续上表

操作步骤	过程	维修规范与操作要求
拆卸	燃油管路卸压	(4)用 CH-807 塞堵塞燃油供油管。 注：如果没有专用工具泄压，可采用诊断仪驱动，或者断开燃油泵控制电路相关连接器后起动发动机进行泄压。具体方法如下： (1)连接故障诊断仪至车辆诊断口； (2)操作诊断仪驱动燃油泵继电器，让其处于断开状态，从而切断低压油泵工作电路，使油泵不工作； (3)起动发动机； (4)让发动机怠速运转直至发动机熄火； (5)使用诊断仪读取燃油管路压力数据，确认燃油压力是否降至很小或没有，如果仍然存在一定压力，可继续多次起动发动机，直至泄去管路内油压
	拆卸喷油器	操作要领： (1)拆下两个蒸发排放炭罐吹洗电磁阀托架螺栓 2； (2)将蒸发排放炭罐吹洗电磁阀托架 1 从进气歧管 7 上拆下； (3)拆下两个多点燃油喷射燃油分配管螺栓 3； (4)将多点燃油喷射燃油分配管 4 和喷油器 5 从进气歧管 7 上拆下； (5)拆下 4 个喷油器密封件 6；

续上表

操作步骤	过程	维修规范与操作要求
拆卸	拆卸喷油器	(6)拆下喷油器固定件(燃油分配管)1； (7)拆下喷油器
安装	安装喷油器	技术规范： 安装新的喷油器密封件，用硅基润滑脂涂抹多点喷油器密封件。 操作要领： (1)更换新的喷油器密封件，并涂抹润滑脂安装； (2)将喷油器安装至喷油器固定件(燃油分配管)1
	安装喷油器及燃油分配管至进气歧管	技术规范： (1)用硅基润滑脂涂抹喷油器密封件； (2)燃油分配管螺栓拧紧力矩：8N·m； (3)炭罐电磁阀托架螺栓拧紧力矩：8N·m。 操作要领： (1)安装4个新的喷油器密封件6； (2)将多点燃油喷射燃油分配管4和喷油器5安装至进气歧管7； (3)安装2个燃油分配管螺栓3并按规定力矩紧固

续上表

操作步骤	过程	维修规范与操作要求
安装	安装喷油器及燃油分配管至进气歧管	
	安装附件及管路	技术规范： 炭罐电磁阀托架螺栓拧紧力矩：8N·m。 操作要领： (1)将蒸发排放炭罐吹洗电磁阀托架1安装至进气歧管7； (2)安装2个蒸发排放炭罐吹洗电磁阀托架螺栓2并按规定力矩紧固； (3)拆下CH-807塞； (4)连接燃油供油管1的快速释放接头； (5)连接蒸发排放吹洗阀、喷油器及进气歧管绝对压力传感器的线束连接器； (6)安装曲轴箱强制通风管；

续上表

操作步骤	过　程	维修规范与操作要求
安装	安装附件及管路	(7) 连接蓄电池负极电缆； (8) 起动发动机，检查发动机运转状况，一切正常后关闭发动机，关闭发动机舱盖

三　学习拓展

❶ 可变进气歧管装置的结构与原理

可变进气系统可根据发动机的转速变化来改变进气系统进气量，以提高进气效率，增加发动机的动力输出。通常，采用改变进气歧管的长度和进气歧管截面积的方法来改变发动机在各转速下的进气量。

可变进气歧管是通过改变进气管的长度或截面积，提高燃烧效率，使发动机在低转速时更平稳、扭矩更充足，高转速时更顺畅、功率更强大。

发动机在运转时，进气门不断地开启和关闭，气门开启时，进气歧管中的混合气以一定的速度通过气门进入汽缸，当气门关闭时混合气受阻就会反弹，周而复始会产生振动频率。

如果进气歧管很短，显然这种频率会更快；如果进气歧管很长的话，这个频率就会变得相对慢一些。如果进气歧管中混合气的振荡频率与进气门开启的时间达到共振的话，那么此时的进气效率显然是很高的。

因此可变进气歧管，在发动机高速和低速时都能提供最佳配气。发动机在低转速时，用又长又细的进气歧管，可以增加进气的气流速度和气压强度，并使得汽油得以更好地雾化，燃烧的更好，提高转矩，如图7-15a)所示。发动机在高转速时需要大量混合气，这时进气歧管就会变的又粗又短，这样才能吸入更多的混合气，提高输出功率，如图7-15b)所示。

学习任务七　燃油供给系统的检查与维修

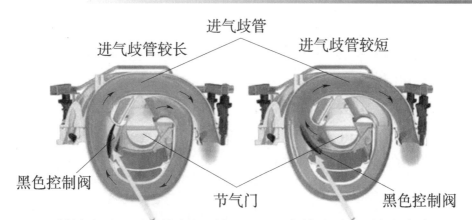

a) 短进气歧管　　　　　　　　b) 长进气歧管

低转速时，黑色控制阀关闭，进气歧管变长，增加进气的速度和气压，让汽油混合得更充分

高转速时，黑色阀门打开，进气歧管变短，气流绕开下部导管直接注入汽缸，利于增大进气量

图 7-15　可变进气歧管装置

❷ **涡轮增压装置结构与原理**

涡轮增压装置是一种利用内燃机运作所产生的废气驱动空气压缩机，从而增加进气量，提高输出功率，主要由废气涡轮室和进气增压室组成，如图 7-16 所示，涡轮室与发动机排气管相连，增压室与进气管路相连，涡轮和叶轮分别装在涡轮室和增压器内，二者同轴刚性联接。

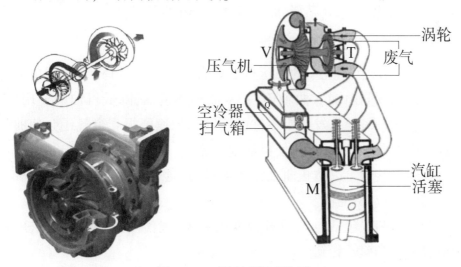

图 7-16　涡轮增压装置

发动机排出的废气惯性冲力推动涡轮室内的涡轮，涡轮带动同轴的叶轮，叶轮压缩空气，使之增压之后进入汽缸。当发动机转速增快，废气的排出速度与涡

轮转速也同步增快,叶轮又压缩更多的空气进入汽缸,空气的压力和密度增大可以使更多的燃料充分燃烧,相应的增加燃料量和调整一下发动机的转速从而增加发动机的输出功率。

❸ 缸内直喷装置结构与原理

如图7-17所示,缸内直喷不同于歧管喷射,它将燃油直接喷入燃烧室。因此,可以更精确的调节燃油的喷射时间和油量。活塞头设计成一种特殊形状,便于燃油和空气在燃烧室内混合。

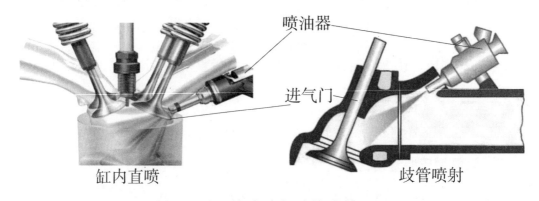

图7-17 缸内直喷与歧管喷射对比

喷射压力也进一步提高,使燃油雾化更好。同时,喷嘴位置、喷雾形状、进气气流控制,以及活塞顶形状等特别的设计,使混合气能够在整个汽缸内充分、均匀的混合,从而使燃油充分燃烧,能量转化效率更高。

❹ 曲轴箱通风装置结构与原理

在发动机工作时,燃烧室的高压可燃混合气和已燃气体,或多或少会通过活塞组与汽缸之间的间隙漏入曲轴箱内,从而稀释机油,降低机油的使用性能,加速机油的氧化、变质,导致发动机零件的腐蚀和加速磨损。窜气还会使曲轴箱的压力过高而破坏曲轴箱的密封,使机油渗漏流失。

曲轴箱通风装置可以防止曲轴箱压力过高,延长机油使用期限,减少零件磨损和腐蚀,防止发动机漏油。

曲轴箱通风装置包括自然通风和强制通风,现代汽油发动机常采用强制式曲轴箱通风,又称PCV系统。

如图7-18所示,强制通风方式,将曲轴箱内的混合气通过连接管导向进气管的适当位置,返回汽缸重新燃烧,这样既可以减少排气污染,又提高发动机的经济性。

学习任务七 燃油供给系统的检查与维修

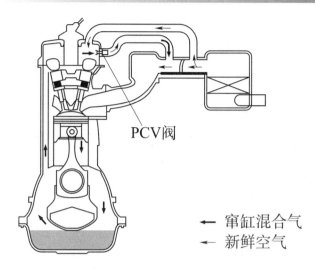

← 窜缸混合气
← 新鲜空气

图 7-18 曲轴箱通风装置

四 评价与反馈

1 自我评价

(1) 通过本学习任务的学习你是否已经知道以下知识：
① 汽油供给系统的作用是什么？请简述其基本组成。
_____

② 空气供给装置的作用是什么？请简述其基本组成。
_____

③ 燃油供给装置的作用是什么？请简述其基本组成。
_____

④ 汽油如何分类？使用中有哪些注意事项？
_____

(2) 燃油压力测试用到了哪些仪器与工具？
_____

(3) 实训过程完成情况如何？
□独立完成； □合作完成； □部分完成； □未完成。

(4) 通过本学习任务的学习，你认为自己的知识和技能还有哪些欠缺？
_____

签名：_____ _____年____月____日

2 小组评价

小组评价表见表 7-4。

小组评价表　　　　　　　　　表7-4

序号	评价项目	评价情况
1	着装是否符合要求	
2	是否能合理规范地使用仪器和设备	
3	是否按照安全和规范的流程操作	
4	是否遵守学习、实训场地的规章制度	
5	是否能保持学习、实训场地整洁	
6	团结协作情况	

参与评价的同学签名：_____　　　_____年___月___日

❸ 教师评价

_____

_____。

教师签名：_____　　　_____年___月___日

五 技能考核标准

❶ 燃油滤清器更换技能考核标准

燃油滤清器更换技能考核表见表7-5。

燃油滤清器更换技能考核表　　　　　　　　表7-5

序号	项目	操作内容	规定分	评分标准	得分
1	燃油管路泄压	切断燃油泵工作	20分	(1)方法不正确,扣10分; (2)工具使用不当,扣10分	
		泄除燃油管路压力	10分	(1)方法不正确,扣5分; (2)未检查确认压力是否泄除,扣5分	
2	拆卸燃油滤清器	拆卸燃油管路	10分	(1)方法不正确,扣10分; (2)工具使用不当,扣10分	
		拆卸燃油滤清器	10分	(1)方法不正确,扣5分; (2)工具使用不当,扣5分	

续上表

序号	项目	操作内容	规定分	评分标准	得分
3	安装新燃油滤清器	安装燃油滤清器	20分	(1)方法不正确,扣10分; (2)工具使用不当,扣10分	
		安装燃油管路	20分	(1)方法不正确,扣10分; (2)工具使用不当,扣10分	
4	安全文明生产	安全放置、固定被检配件; 检测工具、设备使用方法、步骤符合安全要求; 操作过程必备安全防护用品佩戴齐全; 现场整洁	10分	(1)不安全放置的,扣2分; (2)工具、设备使用方法不安全的,扣3分; (3)防护用品佩戴不齐全的,扣3分; (4)现场不整洁,扣2分	
		安全用电,防火,无人身、设备故障		因违规操作发生重大人身和设备事故,此题按0分记	
	分数合计		100分	最终得分	

2 燃油压力测试技能考核标准

燃油压力测试技能考核表见表7-6。

燃油压力测试技能考核表　　　　表7-6

序号	项目	操作内容	规定分	评分标准	得分
1	车内外防护	车内防护	5分	有漏项扣5分	
		车外防护	5分	有漏项扣5分,若采取安全防护即时提醒	
2	释放燃油系统压力	断开燃油泵继电器	10分	方法不正确,扣10分	
		起动发动机释放燃油供给系统内的油压	20分	方法不正确,扣20分	

续上表

序号	项目	操作内容	规定分	评分标准	得分
3	检测读取燃油压力	安装燃油压力表	10分	仪器连接不正确,扣10分	
		读取燃油压力	40分	(1)读数不正确,扣20分; (2)维修结论不正确,扣10分; (3)仪器断开后,未及时清理,扣10分	
4	安全文明生产	安全放置、固定被检配件; 检测工具、设备使用方法、步骤符合安全要求; 操作过程必备安全防护用品佩戴齐全; 现场整洁	10分	(1)不安全放置的,扣2分; (2)工具、设备使用方法不安全的,扣3分; (3)防护用品佩戴不齐全的,扣3分; (4)现场不整洁,扣2分	
		安全用电,防火,无人身、设备故障		因违规操作发生重大人身和设备事故,此题按0分记	
	分数合计		100分	最终得分	

3 喷油器更换技能考核标准

喷油器更换技能考核表见表7-7。

喷油器更换技能考核表 表7-7

序号	项目	操作内容	规定分	评分标准	得分
1	拆卸附件	断开蓄电池负极电缆	10分	(1)方法不正确,扣5分; (2)工具使用不当,扣5分	
		拆卸曲轴箱强制通风管、线束连接器等附件	10分	(1)方法不正确,扣5分; (2)工具使用不当,扣5分	
2	燃油管路卸压	利用专用工具泄除燃油管路内压力(如缺少专用工具,可采用常规泄压方法)	20分	(1)方法不正确,扣10分; (2)工具使用不当,扣10分	

续上表

序号	项目	操作内容	规定分	评分标准	得分
3	拆卸喷油器及燃油分配管	拆卸燃油分配管	10分	(1)方法不正确,扣5分; (2)工具使用不当,扣5分	
		拆卸喷油器	10分	(1)方法不正确,扣5分; (2)工具使用不当,扣5分	
4	安装喷油器及燃油分配管	安装喷油器	10分	(1)方法不正确,扣5分; (2)工具使用不当,扣5分; (3)未更换新等密封件并涂抹润滑脂,扣5分	
		安装燃油分配管	10分	(1)方法不正确,扣5分; (2)工具使用不当,扣5分; (3)未更换新等密封件并涂抹润滑脂,扣5分	
5	安装附件	安装曲轴箱强制通风管、线束连接器等附件,并连接蓄电池负极电缆	10分	(1)方法不正确,扣5分; (2)工具使用不当,扣5分	
6	安全文明生产	安全放置、固定被检配件; 检测工具、设备使用方法、步骤符合安全要求; 操作过程必备安全防护用品佩戴齐全; 现场整洁	10分	(1)不安全放置的,扣2分; (2)工具、设备使用方法不安全的,扣3分; (3)防护用品佩戴不齐全的,扣3分; (4)现场整洁,扣2分	
		安全用电,防火,无人身、设备故障		因违规操作发生重大人身和设备事故,此题按0分记	
	分数合计		100分	最终得分	

参考文献

[1] 朱军.汽车发动机常见维修项目实训教材[M].北京:人民交通出版社,2009.

[2] 占百春,徐展.发动机机械系统故障检测诊断与修复[M].北京:北京出版社,2014.

[3] 王锦帮,欧阳可良.汽车发动机机械维修[M].北京:人民交通出版社,2012.

[4] 张西振,韩梅.汽车发动机构造与维修[M].北京:机械工业出版社,2007.

[5] 邢春霞.汽车结构认识与拆装[M].北京:人民交通出版社,2012.

[6] 左适够.汽车发动机构造与维修(第4版)[M].北京:人民交通出版社股份有限公司,2020.

[7] 顾惠烽.汽车发动机构造原理与诊断维修[M].北京:化学工业出版社,2019.

[8] 汪立亮.汽车机修工[M].北京:机械工业出版社,2021.